Kohlhammer
Urban^{Taschenbücher}

W0048993

Band 714

Grundriss der Psychologie

Herausgegeben von Bernd Leplow und Maria von Salisch

Begründet von Herbert Selg und Dieter Ulich

Diese Taschenbuchreihe orientiert sich konsequent an den Erfordernissen des Bachelorstudiums, in dem die Grundlagen psychologischen Fachwissens gelegt werden. Jeder Band präsentiert sein Gebiet knapp, übersichtlich und verständlich!

H. E. Lück
Geschichte der Psychologie

D. Ulich/R. Bösel
Einführung in die Psychologie

H. Selg/J. Klapprott/R. Kamenz
Forschungsmethoden der Psychologie

K. Rentzsch, A. Schütz
Psychologische Diagnostik

D. Ulich/P. Mayring
Psychologie der Emotionen

F. Rheinberg/R. Vollmeyer
Motivation

R. Guski
Wahrnehmung

F. J. Schermer
Lernen und Gedächtnis

L. Laux
Persönlichkeitspsychologie

H. M. Trautner
Allgemeine Entwicklungspsychologie

J. Kienbaum/B. Schuhrke
Entwicklungspsychologie der Kindheit

T. Faltermaier/P. Mayring/
W. Saup/P. Strehmel
Entwicklungspsychologie des Erwachsenenalters

T. Greitemeyer
Sozialpsychologie

H.-P. Nolting/P. Paulus
Pädagogische Psychologie

T. Faltermaier
Gesundheitspsychologie

L. v. Rosenstiel/W. Molt/
B. Rüttinger
Organisationspsychologie

J. Felfe
Arbeits- und Organisationspsychologie, Bd. 1 und 2

Tobias Greitemeyer

Sozialpsychologie

Verlag W. Kohlhammer

1. Auflage 2012

Alle Rechte vorbehalten
© 2012 W. Kohlhammer GmbH Stuttgart
Gesamtherstellung:
W. Kohlhammer Druckerei GmbH + Co. KG, Stuttgart
Printed in Germany

ISBN 978-3-17-021685-3

Inhalt

Geleitwort 11

1 Themen und Methoden der Sozialpsychologie 13

   1.1 Was ist Sozialpsychologie? 13
   1.2 Sozialpsychologie ist eine Wissenschaft 14
   1.3 Methoden in der Sozialpsychologie 15
   1.3.1 Beschreibende Methode 15
   1.3.2 Korrelationsmethode 16
   1.3.3 Experimentelle Methode 18
   1.3.4 Metaanalyse 22
   Zusammenfassung 22
   Literaturempfehlungen 23

2 Das Selbst 24

   2.1 Das Selbstkonzept 25
   2.2 Selbstwert 27
   2.2.1 Expliziter Selbstwert 28
   2.2.2 Impliziter Selbstwert 29
   2.3 Selbstregulation 31
   Zusammenfassung 34
   Literaturempfehlungen 35

3 Soziale Kognition 37

   3.1 Wie Schemata unsere Wahrnehmung steuern .. 38
   3.1.1 Erwartungskongruente Bewertung
          von Informationen 38
   3.1.2 Positive Teststrategie 40
   3.1.3 Sich selbst erfüllende Prophezeiungen 41
   3.2 Wie Schemata automatisches Handeln
        beeinflussen 43

3.3   Urteilsheuristiken 46
Zusammenfassung 49
Literaturempfehlungen 50

4   Soziale Wahrnehmung 51

4.1   Eindrucksbildung 52
4.1.1   Priming 52
4.1.2   Reihenfolgeeffekte 54
4.1.3   Implizite Persönlichkeitstheorien 55
4.1.4   Bestätigung von Erwartungen 57
4.2   Attributionen (Ursachenzuschreibung) 59
4.2.1   Attributionstheorien 60
4.2.2   Attributionsverzerrungen 63
4.2.3   Attributionale Theorien 66
Zusammenfassung 68
Literaturempfehlungen 68

5   Einstellungen 70

5.1   Einstellungen: Definition, Messung
        und Entstehung 71
5.1.1   Definition 71
5.1.2   Messung 71
5.1.3   Entstehung 73
5.2   Einstellung und Verhalten 74
5.2.1   Einfluss von Einstellungen auf Verhalten 74
5.2.2   Theorie des geplanten Verhaltens 77
5.2.3   Einfluss von Verhalten auf Einstellungen 79
5.3   Einstellungsänderung 83
5.3.1   Die Quelle 84
5.3.2   Die Argumente 84
5.3.3   Der Empfänger 85
5.3.4   Wie und warum wirken Überzeugungs-
        versuche? 85
Zusammenfassung 86
Literaturempfehlungen 87

6   Sozialer Einfluss 89

6.1   Arten sozialen Einflusses 90
6.1.1 Informationaler Einfluss 91
6.1.2 Normativer Einfluss 92
6.2   Einflussstrategien 93
6.3   Der Einfluss von Rollen 96
6.4   Konformität 98
6.4.1 Der Einfluss der Mehrheit 98
6.4.2 Der Einfluss der Minderheit 100
6.5   Gehorsam 103
6.5.1 Die Milgram-Experimente 103
6.5.2 Für und wider Konformität und Gehorsam 107
Zusammenfassung 108
Literaturempfehlungen 108

7   Vorurteile 110

7.1   Definitionen 110
7.2   Formen von Vorurteilen 112
7.3   Ursachen von Vorurteilen 114
7.3.1 Konflikte zwischen Gruppen 114
7.3.2 Kategorisierung in „Wir" und „Die" 116
7.4   Folgen der Stereotypisierung
       für die betroffene Person 118
7.4.1 Bestätigung der Stereotype 118
7.4.2 Bedrohung durch Stereotype 119
7.5   Gegenmaßnahmen 121
Zusammenfassung 123
Literaturempfehlungen 124

8   Gruppen 125

8.1   Individuelle Leistung in Anwesenheit anderer .. 125
8.2   Leistung Einzelner in Gruppen 127
8.2.1 Koordinationsverluste 128
8.2.2 Motivationsverluste 128
8.2.3 Motivationsgewinne 129
8.3   Gruppenleistung 130

8.4   Urteilen und Entscheiden in Gruppen 134
8.4.1 Hidden Profiles 134
8.4.2 Gruppendenken 136
8.4.3 Gruppenpolarisation 137
Zusammenfassung 138
Literaturempfehlungen 139

9 Interpersonelle Attraktion und Liebesbeziehungen 140

9.1   Das Bedürfnis nach Zugehörigkeit 141
9.2   Interpersonelle Attraktion 141
9.2.1 Vertrautheit und Ähnlichkeit 142
9.2.2 Physische Attraktivität 145
9.3   Romantische Beziehungen 150
9.3.1 Partnerschaftspräferenzen 150
9.3.2 Theorien interpersonaler Attraktion 153
9.3.3 Liebesbeziehungen 155
Zusammenfassung 156
Literaturempfehlungen 157

10 Hilfeverhalten 158

10.1   Warum helfen wir? 159
10.1.1 Evolutionäre Erklärung hilfreichen Verhaltens .. 159
10.1.2 Sozialer Austausch 160
10.1.3 Empathie-Altruismus-Hypothese 161
10.2   Wann helfen wir? 163
10.2.1 Anzahl der Zuschauer (Bystander) 163
10.2.2 Medieneinflüsse 165
10.2.3 Residentielle Mobilität 166
10.3   Wer hilft? 166
10.3.1 Gibt es eine altruistische Persönlichkeit? 166
10.3.2 Geschlechtsunterschiede 167
10.3.3 Religion 167
10.3.4 Stimmungseffekte 168
10.4   Wem wird geholfen? 168
10.4.1 Ähnlichkeit zwischen Helfer und hilfe-
           suchender Person 169
10.4.2 Physische Attraktivität 169

10.4.3 Attribution 170
10.5 Wie kann man Hilfsbereitschaft erhöhen 171
Zusammenfassung 172
Literaturempfehlungen 173

11 Aggression 175

11.1   Situative Determinanten aggressiven
        Verhaltens 176
11.1.1 Warum verhalten sich Menschen aggressiv? ... 176
11.1.2 Wann verhalten sich Personen aggressiv? 179
11.2   Persönliche Determinanten aggressiven
        Verhaltens: Welche Personen sind aggressiver
        als andere? 182
11.2.1 Geschlecht 182
11.2.2 Feindseliger Attributionsstil 183
11.2.3 Ehrenkultur 184
11.3   Zusammenspiel von Person und Situation 185
11.4   Ein integrierendes Modell 187
11.5   Wie kann Aggression reduziert werden? 189
11.5.1 Dampf ablassen: Katharsis 189
11.5.2 Bestrafung 190
11.5.3 Ärgermanagement und Reattributions-
        trainings 190
11.5.4 Medienkonsum 191
Zusammenfassung 191
Literaturempfehlungen 192

Literatur 193

Stichwortverzeichnis 205

Danksagung

Ich danke ganz besonders herzlich meinem Vater, Manfred Greitemeyer, der alle Kapitel gründlich korrekturgelesen und mit vielen Anmerkungen und Tipps geholfen hat. Weiterhin danke ich den beiden Herausgebern, Maria von Salisch und Bernd Leplow, für die wertvollen inhaltlichen Hinweise. Schließlich möchte ich mich bei Ulrike Merkel für das gründliche Lektorat bedanken, das dem Buch den letzten Schliff gegeben hat.

Geleitwort

Neue Studiengänge brauchen neue Bücher! Bachelor und Master sind nicht einfach verkürzte Diplom- oder Magisterausbildungen, sondern stellen etwas qualitativ Neues dar. So gibt es jetzt Module, die in sich abgeschlossen sind und aufeinander aufbauen. Sie sind jeweils mit Lehr- und Lernzielen versehen und spezifizieren sehr viel genauer als bisher, welche Themen und Methoden in ihnen zu behandeln sind. Aus diesen Angaben leiten sich Art, Umfang und Thematik der Modulprüfungen ab. Aus der Kombination verschiedener Module ergeben sich die neuen Bachelor- und Masterstudiengänge, welche in der Psychologie konsekutiv sind, also aufeinander aufbauen. Die Bände der Reihe „Grundriss der Psychologie" konzentrieren sich auf das umgrenzte Lehrgebiet des Bachelor-Studiums.

Da im Bachelorstudium die Grundlagen des psychologischen Fachwissens gelegt werden, ist es uns ein Anliegen, dass sich jeder Band der Reihe „Grundriss der Psychologie" ohne Rückgriff auf Wissen aus anderen Teilgebieten der Psychologie lesen lässt. Jeder Band der Grundrissreihe orientiert sich an einem der Module, welche die Deutsche Gesellschaft für Psychologie (DGPs) im Jahr 2005 für die Neugestaltung der Psychologieausbildung vorgeschlagen hat. Damit steht den Studierenden ein breites Grundwissen zur Verfügung, welches die wichtigsten Gebiete aus dem vielfältigen Spektrum der Psychologie verlässlich abdeckt. Dies ermöglicht nicht nur den Übergang auf den darauf aufbauenden Masterstudiengang der Psychologie, sondern auch eine erste Berufstätigkeit im psychologisch-assistierenden Bereich.

So führt der Bachelorabschluss in Psychologie zu einem eigenen, berufsbezogenen Qualifikationsprofil. Aber auch Angehörige anderer Berufe können von einer ergänzenden Bachelorausbildung in Psychologie profitieren. Überall dort, wo menschliches Verhalten und Erleben Entscheidungsabläufe beeinflusst, hilft ein fundiertes Grundwissen in Psychologie. Die Bandbreite reicht vom Fachjournalismus über den Erziehungs- und Gesundheitsbereich, die Wirtschaft mit diversen Managementprofilen, die Architektur und die Ingenieurwissenschaften bis hin zu Führungspositionen in Militär und Polizei. Die Finanz- und Wirtschaftskrise der Jahre 2008/09 ist nur ein Beispiel für die immense Bedeutung von Verhaltensfaktoren für gesellschaftliche Abläufe. Die wissenschaftliche Psychologie bietet insofern ein Gerüst, über welches man auf die Gesellschaft positiv Einfluss nehmen kann. Daher können auch Studierende und Praktiker aus anderen als den klassischen psychologischen Tätigkeitsfeldern vom Bachelorwissen in Psychologie profitieren. Weil die einzelnen Bände so gestaltet sind, dass sie psychologisches Grundlagenwissen voraussetzungsfrei vermitteln, sind sie also auch für Angehörige dieser Berufsgruppen geeignet.

Jedes Kapitel ist klar gegliedert und schließt mit einer übersichtlichen Zusammenfassung. Literaturempfehlungen und Fragen zur Selbstüberprüfung runden die Kapitel ab. Als weitere Lern- und Verständnishilfen wurden *Exkurs*-Kästen, *Beispiele* und *Erklärungen* aufgenommen. In einigen Bänden finden sich darüber hinaus *Definitionen*, und wo es sich anbietet, wird besonders Wichtiges in einem *Merke*-Satz wiederholt.

Wir möchten den ausgeschiedenen Herausgebern für ihre inspirierende Arbeit an dieser Reihe danken und hoffen, auch weiterhin auf ihre Erfahrungen zurückgreifen und ihren wertvollen Rat in Anspruch nehmen zu können. Den Leserinnen und Lesern wünschen wir vielfältige Erkenntnisse und Erfolge mit den Bänden der Reihe „Grundriss der Psychologie".

Maria von Salisch
Bernd Leplow

1 Themen und Methoden der Sozialpsychologie

Inhalt
Die Sozialpsychologie ist eine empirische Wissenschaft, die das menschliche Erleben und Verhalten in sozialen Situationen untersucht. Sozialpsychologische Untersuchungen verwenden vor allem drei wissenschaftliche Methoden: die beschreibende, die korrelative und die experimentelle Methode. Mehrere zuvor durchgeführte Untersuchungen werden in Metaanalysen zusammengefasst.

1.1 Was ist Sozialpsychologie?

Führt das Spielen gewalttätiger Computerspiele zu nachfolgender Aggression im wirklichen Leben? Bevorzugt man einen Partner, der einem ähnelt oder der einen ergänzt? Sollten Entscheidungen durch Individuen oder Gruppen getroffen werden? Wie effektiv sind Warnhinweise auf Zigarettenschachteln wie „Rauchen tötet", dass Raucher aufhören zu rauchen? Das alles sind Fragestellungen der Sozialpsychologie.

Als Sozialpsychologe beschäftigt man sich mit dem *Erleben und Verhalten* des Menschen in Abhängigkeit von anderen Menschen. Wieweit wird also menschliches Erleben und Verhalten durch die *soziale Umwelt* beeinflusst?

Definition
▶ Sozialpsychologie ist der Versuch zu verstehen und zu erklären, wie Gedanken, Emotionen und Verhaltensweisen von Individuen beeinflusst werden durch vorgestellte oder tatsächlich anwesende andere Personen (Allport, 1954b). ◀◀

Gegenstandsbereiche in der Sozialpsychologie sind weite Teile des menschlichen Miteinanders:

- Wie denken wir über uns und unsere Umwelt?
- Wieweit lassen wir uns von anderen beeinflussen?
- Benachteiligen wir andere Menschen aufgrund ihrer Gruppenzugehörigkeit?
- Wie erfolgreich sind wir in der Zusammenarbeit mit anderen?
- Wann sind wir bereit, anderen zu helfen?
- Wann wollen wir anderen schaden?

1.2   Sozialpsychologie ist eine Wissenschaft

Anders als beispielsweise bei der Nanotechnologie oder der anorganischen Chemie sind alle Menschen mit den Themen der Sozialpsychologie gut vertraut. Betrachten wir die folgenden drei sozialpsychologischen Aussagen:

- Das Mitverfolgen eines Boxkampfes im Fernsehen vermindert nachfolgende eigene aggressive Impulse.
- Personen in schlechter (gegenüber neutraler) Stimmung sind weniger bereit, einer Person in Not zu helfen.
- Kinder, denen eine geringe Strafe angedroht wird, wenn sie mit einem verbotenen Spielzeug spielen, schätzen die Attraktivität des Spielzeugs höher ein als Kinder, denen eine hohe Strafe angedroht wird.

Alle diese Behauptungen sind für uns wenig überraschend. Deshalb wird oft angezweifelt, ob die Sozialpsychologie eine empirische *Wissenschaft* darstellt, da sie nichts anderes als Annahmen des „gesunden Menschenverstands" bestätigt.

Viele Ergebnisse sozialpsychologischer Untersuchungen hätte man sicherlich vorhersagen können, manche jedoch auch nicht, und oftmals überschätzt man rückblickend die Vorhersehbarkeit eines Ereignisses (Fischhoff, 1975). Betrachten wir noch einmal die oben genannten drei Aussagen. Tatsächlich sind sie alle falsch, und jeweils das genaue Gegenteil ist der Fall (Aronson & Carlsmith, 1963; Carlson & Miller, 1987; Philips, 1983).

Merke
► Alltagsannahmen stellen sich nach wissenschaftlicher
Überprüfung oft als falsch heraus. ◄◄

Das menschliche Alltagswissen über Sozialverhalten und sozialen Einfluss ist nicht immer zutreffend und bedarf einer wissenschaftlichen Überprüfung. Dies leistet die Sozialpsychologie, die mithilfe geeigneter *wissenschaftlicher Methoden* ihre Vorhersagen einem kritischen Test unterzieht.

Merke
► Im Gegensatz zum „gesunden Menschenverstand" verwendet die Sozialpsychologie wissenschaftliche Methoden, um ihre Vorhersagen zu überprüfen. ◄◄

1.3 Methoden in der Sozialpsychologie

Um Vorhersagen zu überprüfen, ziehen Sozialpsychologen verschiedene wissenschaftliche Methoden heran. In Untersuchungen werden vor allem die *beschreibende Methode*, die *Korrelationsmethode* und die *experimentelle Methode* verwendet. Eine zusammenfassende Analyse bereits durchgeführter Untersuchungen wird als *Metaanalyse* bezeichnet.

1.3.1 Beschreibende Methode

Eine Art, eine Vorhersage zu überprüfen, ist die Auftretenshäufigkeit eines bestimmten Phänomens zu beschreiben. Dies kann geschehen durch Beobachtungen, Fragebögen oder Archivstudien. Wie häufig tritt beispielsweise Aggression in der Schule auf?

- In einer Beobachtungsstudie würden beispielsweise ein oder mehrere trainierte Wissenschaftler das Verhalten von Kindern auf dem Schulhof beobachten und das gezeigte Verhalten anhand vorher festgelegter Kriterien kodieren.
- Fragebögen könnten an die Lehrer verteilt werden, um von ihnen Auskunft über aggressives Verhalten im Klassenzimmer zu erhalten.

- In einer Archivstudie werden offizielle Statistiken herangezogen, wie häufig z. B. Kinder aufgrund ihres Verhaltens in der Schule angezeigt werden.

1.3.2 Korrelationsmethode

Die beschreibende Methode kann zu interessanten Einsichten verhelfen. Sie kann allerdings keine Aussagen zu einem möglichen Zusammenhang zweier (oder mehrerer) Variablen treffen. Tritt beispielsweise Aggression in der Schule in manchen Jahreszeiten häufiger auf als in anderen? Gibt es einen Zusammenhang zwischen dem Aussehen einer Person und der Häufigkeit, mit der ihr in Notsituationen geholfen wird? Hängt das Gehalt, das eine Person bekommt, von ihrem Selbstwert ab?

Solche Fragen kann man mithilfe der Korrelationsmethode beantworten. Wie auch bei der beschreibenden Methode können die Variablen durch Beobachtungen, Fragebögen oder Archivanalysen erfasst werden. Im Gegensatz zu der beschreibenden Methode können jedoch Aussagen über den Zusammenhang zwischen Variablen getroffen werden. Wenn man die Ausprägung einer Variablen kennt (z. B. wie gutaussehend eine Person ist), dann kann man eine bestimmte Vorhersage treffen, wie eine andere Variable (z. B. wie wahrscheinlich es ist, dass ihr in einer Notsituation geholfen wird) wahrscheinlich ausgeprägt ist.

Merke
▶ Der Zusammenhang zwischen zwei Variablen wird über die Berechnung von Korrelationskoeffizienten erfasst. ◀◀

Ein *Korrelationskoeffizient* wird als ein Wert ausgedrückt, der von +1.0 bis -1.0 reichen kann. Das *Vorzeichen* zeigt an, ob der Zusammenhang positiv oder negativ ist. Eine positive Korrelation bedeutet, dass ein Anstieg der Ausprägung einer Variablen mit einem Anstieg der Ausprägung der anderen Variablen verbunden ist, während eine negative Korrelation anzeigt, dass beide Variablen in unterschiedliche Richtungen gehen (wenn eine ansteigt, fällt die andere ab). Der *absolute Wert* zeigt die Stärke des Zusammenhangs beider Variablen an. Je größer dieser Wert ist, desto stärker sind beide Variablen miteinander verbunden und desto besser kann man aufgrund der Ausprägung einer Variablen die Ausprägung der anderen Variablen vorhersagen. Eine Korrelation von 1.0 zeigt einen perfekten Zusammenhang zwischen zwei Variablen an, d. h. die Kenntnis der Ausprägung einer Variablen erlaubt eine exakte Vorhersage über die Ausprägung der anderen Variablen. Da jedoch zwei Variablen fast nie vollständig miteinander verbunden sind, werden die meisten Korrelationskoeffizienten, die wir in den folgenden Kapiteln kennenlernen werden, nicht an +1.0 oder -1.0 heranreichen. Nach Cohen (1988) kann man die Größe des Zusammenhangs zweier psychologischer Variablen wie folgt einteilen:

* kleiner Effekt: r = .10
* mittlerer Effekt: r = .30
* großer Effekt: r = .50

Wenn wir in folgenden Kapiteln von kleinen, mittleren und großen Effekte sprechen, dann beziehen wir uns auf diese Einteilung.

Die Korrelationsmethode hat viele Vorteile: So können Zusammenhänge zwischen Variablen erfasst werden, die nicht induziert (wie Geschlecht oder Alter) oder aus ethischen Gründen in einem Laborkontext hervorgerufen werden können (wie Gewalt oder Missbrauch). Allerdings hat die Korrelationsmethode einen entscheidenden Nachteil: Es sind keine Rückschlüsse auf einen *kausalen Zusammenhang* zwischen Variablen möglich.

Beispiel
▶ Betrachten wir die Hypothese, dass soziale Probleme verstärkt in Ländern auftreten, die ein großes Gefälle zwischen Arm und Reich aufweisen (Wilkinson & Pickett, 2009). Zur Überprüfung ihrer Hypothese erfassten Wilkinson und Pickett das Auftreten von sozialen Problemen (wie Übergewicht, Drogenmissbrauch oder Schwangerschaften von Minderjährigen) und die (Un-)Gleichverteilung von Vermögen in verschiedenen Ländern. Tatsächlich zeigte sich, dass die soziale Ungleichheit einer Gesellschaft (und nicht das Durchschnittseinkommen) in einem Zusammenhang steht mit dem Auftreten einer Reihe von sozialen Problemen. So ist es beispielsweise sechsmal wahrscheinli-

cher, dass ein US-Amerikaner (eine Gesellschaft mit großen Einkommensunterschieden) übergewichtig ist als ein Japaner (eine Gesellschaft mit relativ geringen Einkommensunterschieden). Würden Sie daraus schließen, dass soziale Ungleichheit Übergewicht bewirkt? ◄◄

Möglicherweise, aber nicht unbedingt. Für eine Korrelation zwischen zwei Variablen X und Y gibt es drei mögliche Erklärungen:

• X ist Ursache von Y.
• Y ist Ursache von X.
• Es gibt keinen kausalen Zusammenhang zwischen X und Y, der Zusammenhang zwischen X und Y ist durch eine dritte Variable Z verursacht.

Eine signifikante Korrelation zwischen sozialer Ungleichheit und dem Auftreten von Übergewicht kann also bedeuten, dass soziale Ungleichheit tatsächlich zu Übergewicht führt. Übergewicht kann aber auch soziale Ungleichheit bedingen (Übergewichtige erhalten beispielsweise von ihren Arbeitgebern weniger Geld und werden eher entlassen als Normalgewichtige). Schließlich könnte eine *dritte Variable*, wie der Bildungsstand, den Zusammenhang zwischen sozialer Ungleichheit und Übergewicht erklären: Ein niedriger Bildungsstand geht sowohl mit sozialer Ungleichheit einher als auch mit Übergewicht. Die Korrelationsmethode ist daher nur bedingt geeignet, psychologische Prozesse zu erklären.

Merke
► Korrelationen dürfen nicht als Kausalaussagen interpretiert werden! ◄◄

1.3.3   Experimentelle Methode

Um Ursache-Wirkungszusammenhänge zu untersuchen, ist das experimentelle Vorgehen die Methode der Wahl. Mithilfe eines Experiments untersucht der Versuchsleiter den Einfluss einer oder mehrerer *unabhängigen Variablen* auf eine oder mehrere *abhängige Variablen*.

Merke

▶ Unabhängige Variablen werden vom Versuchsleiter variiert, um ihren Einfluss auf eine abhängige Variable zu untersuchen. Abhängige Variablen werden vom Versuchsleiter gemessen. ◀◀

So untersuchten Isen und Levin (1972) den Einfluss von positiver Stimmung (unabhängige Variable) auf Hilfeverhalten (abhängige Variable). Die Stimmung der Probanden wurde variiert, indem manche Probanden in einer Telefonzelle eine Münze vorfanden (Bedingung „Positive Stimmung"), während andere Probanden keine Münze vorfanden (Bedingung „Neutrale Stimmung"). Als die Probanden die Telefonzelle verließen, ließ ein Mitarbeiter des Versuchsleiters (ein sogenannter *Konföderierter*; diesen Fachausdruck verwenden wir auch später immer wieder) einen Stapel Papiere fallen. Es zeigte sich, dass 84 Prozent der Probanden in der positiven Stimmungsbedingung, aber nur vier Prozent in der neutralen Stimmungsbedingung halfen, die Papiere aufzuheben.

Um sicherzustellen, dass tatsächlich die unterschiedliche Stimmung der Probanden in den beiden Versuchsbedingungen die Unterschiede in der Hilfsbereitschaft bedingen, sind die Kontrolle des Versuchsleiters über den Versuchsablauf sowie die randomisierte Zuteilung der Probanden zu den jeweiligen experimentellen Bedingungen notwendig.

Kontrolle des Versuchsleiters über den Versuchsablauf bedeutet, dass alle Probanden den mit Ausnahme der unabhängigen Variablen identischen situativen Bedingungen ausgesetzt sind. In der Untersuchung von Isen und Levin verließen beispielsweise alle Probanden die gleiche Telefonzelle, und der Konföderierte ließ immer die gleiche Anzahl an Blättern Papier fallen. Zudem war dem Konföderierten nicht bewusst, ob die jeweiligen Probanden eine Münze vorfanden oder nicht. Dadurch kann man ausschließen, dass er mehr oder weniger bewusst Einfluss auf das Verhalten der Probanden ausgeübt hat. Der einzige Unterschied für die Probanden in den beiden experimentellen Bedingungen bestand also darin, dass die eine Gruppe eine Münze fand und die andere nicht. Alle anderen Umstände wurden konstant gehalten. Unterschiede in der Hilfsbereitschaft zwischen beiden Versuchsgruppen sind daher auf die experimentelle Variation zurückzuführen.

Da manche Personen von ihrem Wesen hilfsbereiter sind als andere, musste gewährleistet sein, dass nicht alle hilfsbereiten Personen der Bedingung „Positive Stimmung" und die wenig hilfsbereiten der Bedingung „Neutrale Stimmung" zugeteilt wurden. Dies erreicht man durch eine *randomisierte Zuteilung der Probanden* zu beiden experimentellen Bedingungen. Für alle Probanden musste also die gleiche Wahrscheinlichkeit vorliegen, entweder der Bedingung 1 oder der Bedingung 2 zugeordnet zu werden. Dadurch kann man relativ verlässlich ausschließen, dass die höhere Hilfsbereitschaft in der positiven gegenüber der neutralen Stimmungsbedingung auf Unterschiede in der Hilfsbereitschaft der Versuchspersonen zurückzuführen ist, die bereits vor der experimentellen Variation bestanden.

Merke

▶ In einem Experiment werden mit Ausnahme der unabhängigen Variablen alle Aspekte einer Situation identisch gehalten, und die Probanden werden per Zufallsprinzip den experimentellen Bedingungen zugeteilt. ◀◀

Statistische Signifikanz

In der erwähnten Untersuchung zeigte sich ein deutlicher Effekt der Stimmungsinduktion auf die Hilfsbereitschaft der Probanden (84 Prozent gegenüber vier Prozent). Wirkt sich positive Stimmung aber tatsächlich förderlich auf Hilfeverhalten aus oder sind nur zufällig besonders viele Probanden der Bedingung „Positive Stimmung" zugeordnet worden, die auch ohne Stimmungsinduktion geholfen hätten? Zwar sind aufgrund der randomisierten Zuteilung der Probanden zu den experimentellen Bedingungen Unterschiede in der Hilfsbereitschaft vor der Stimmungsinduktion unwahrscheinlich, können aber dennoch (gerade bei kleinen Stichproben) nicht ausgeschlossen werden. Daher wird ein *Wahrscheinlichkeitsniveau (p-Wert)* angegeben, wie wahrscheinlich die unterschiedliche Hilfsbereitschaft in den experimentellen Bedingungen zufällig ist.

In der (Sozial-)Psychologie besteht die Konvention, ein Ergebnis als *statistisch signifikant*, d. h. bedeutsam, anzusehen, wenn die Wahrscheinlichkeit, dass ein Ergebnis (beispielsweise ein Mittelwertsunterschied oder eine Korrelation) durch Zufall zustande gekommen ist, unter fünf Prozent liegt. Wenn wir in folgenden Kapiteln von signifikanten Effekten sprechen, bedeutet dies, dass es relativ unwahrscheinlich ist (unter fünf Prozent), dass es sich um ein Zufallsergebnis handelt.

Merke
▶ Ein Effekt gilt als statistisch signifikant, wenn die Wahrscheinlichkeit eines Zufallsergebnisses unter fünf Prozent liegt. ◀◀

Validität eines Experiments

Die Güte eines Experiments kann unter anderem im Hinblick auf ihre Gültigkeit (interne Validität) und Übertragbarkeit auf andere Personen und Situationen (externe Validität) geprüft werden.

Wenn die Kontrolle des Versuchsleiters und die randomisierte Zuteilung gegeben sind, dann wird ein hoher Grad an *interner Validität* angenommen, und man kann davon ausgehen, dass Unterschiede in der abhängigen Variablen zwischen den Versuchsbedingungen durch die Variation der unabhängigen Variablen bedingt sind.

Merke
▶ Interne Validität eines Experiments: Inwieweit kann die Veränderung der abhängigen Variablen eindeutig auf die Variation der unabhängigen Variablen zurückgeführt werden? ◀◀

Aus ökonomischen Gründen werden viele sozialpsychologische Untersuchungen in einem Labor mit Psychologiestudierenden als Probanden durchgeführt. Sozialpsychologen sind jedoch daran interessiert, psychologische Gesetzmäßigkeiten aufdecken, die nicht nur für Psychologiestudierende in einer vom Versuchsleiter konstruierten Situation, sondern für alle Menschen in allen

Situationen des wirklichen Lebens gelten. Das Ausmaß der Generalisierbarkeit der Ergebnisse eines Experiments auf andere Situationen und Menschen wird durch die *externe Validität* angegeben. Sozialpsychologen sind sich der Bedeutsamkeit der externen Validität ihrer Ergebnisse wohl bewusst, und Untersuchungen an Nichtstudierenden in ihrem natürlichen Umfeld (sogenannte *Feldstudien*) werden oftmals gemeinsam mit Ergebnissen von *Laborstudien* in wissenschaftlichen Publikationen berichtet.

Merke
▶ Externe Validität eines Experiments: Inwieweit können die Ergebnisse eines Experiments auf andere Situationen und auf andere Personen übertragen werden? ◀◀

1.3.4 Metaanalyse

Sozialpsychologen führen beschreibende, korrelative und experimentelle Untersuchungen durch, um ihre Hypothesen zu überprüfen. Eine andere Art der Hypothesenprüfung ist die Analyse bereits vorliegender Untersuchungen zu einer Fragestellung. In Metaanalysen werden die Ergebnisse früherer Untersuchungen gemittelt und bestimmt, ob ein signifikanter Effekt vorliegt und wie groß dieser ist. Metaanalysen werden in den besten (sozial) psychologischen Fachzeitschriften publiziert, und wir werden in den folgenden Kapiteln häufig auf die Ergebnisse von Metaanalysen zu sprechen kommen.

Merke
▶ Metaanalyse: Statistische Technik, die die Ergebnisse von zwei oder mehreren Untersuchungen mittelt. ◀◀

Zusammenfassung

Während sich die Psychologie mit dem Erleben und Verhalten des Menschen befasst, untersucht die Sozialpsychologie den Menschen in Abhängigkeit von seinem sozialen Umfeld.

Kernthemen der Sozialpsychologie sind Sozialverhalten und sozialer Einfluss. Die Sozialpsychologie ist eine empirische Wissenschaft, da sie ihre Vorhersagen mithilfe geeigneter wissenschaftlicher Methoden überprüft. Die beschreibende Methode untersucht die Auftretenshäufigkeit eines bestimmten Phänomens. Die Korrelationsmethode stellt Zusammenhänge zwischen verschiedenen Variablen fest. Die experimentelle Methode gibt Aufschlüsse über Ursache-Wirkungszusammenhänge. In Metaanalysen werden früher durchgeführte Untersuchungen zusammengefasst.

Literaturempfehlungen

Aronson, E., Ellsworth, P. C., Carlsmith, J. M. & Gonzales, M. H. (1990). *Methods of research in social psychology.* New York: McGraw Hill.
Huber, O. (2005). *Das psychologische Experiment. Eine Einführung* (4. Aufl.). Bern: Huber.
Kruglanski, A. W. & Stroebe, W. (Hrsg). (2011). *Handbook of the history of social psychology.* New York: Francis & Taylor.
Pelham, B. W. & Blanton, H. (2007). *Conducting research in psychology: Measuring the weight of smoke* (3. Aufl.). Belmont, CA: Wadsworth/ Thompson Learning.

Fragen zur Selbstüberprüfung

1. Was ist Sozialpsychologie?
2. Inwiefern ist die Sozialpsychologie eine wissenschaftliche Disziplin?
3. Welche Stärken und Schwächen haben die Beobachtungs-, die Korrelations- und die experimentelle Methode?
4. Wann hat ein Experiment eine hohe interne Validität? Auf welche beiden Aspekte muss ein Versuchsleiter besonders achten?
5. Was wird in einer Metaanalyse gemacht?

2   Das Selbst

Inhalt
Das Selbst bezieht sich auf die eigene Person als Objekt der Aufmerksamkeit und umfasst verschiedene Facetten. In diesem Kapitel besprechen wir das Selbstkonzept, den Selbstwert sowie Selbstregulation. Das Selbstkonzept bezieht sich auf das Wissen einer Person über sich selbst. Der Selbstwert einer Person spiegelt die Zufriedenheit mit sich selbst wider. Selbstregulation betrifft die Fähigkeit, erwünschtes Verhalten zu zeigen und unerwünschten Impulsen widerstehen zu können.

Die meisten Menschen lieben es, Klatsch und Tratsch zu erfahren und zu verbreiten. Themen sind zumeist Freunde und Bekannte, aber auch Berühmtheiten, die man selbst nicht persönlich kennt. Unsere Bereitschaft, sich an Klatsch und Tratsch zu beteiligen, spiegelt unser außergewöhnlich großes Interesse an anderen Menschen wider. Noch mehr allerdings als andere Menschen interessiert uns alles, was mit der eigenen Person zu tun hat. Sie kennen sicherlich das Phänomen, dass Sie auf einer Party in ein angeregtes Gespräch vertieft sind. Auf einmal hören Sie jedoch, wie in einem anderen Gespräch Ihr Name fällt. Dieser sogenannte *Cocktaileffekt* besagt, dass Menschen auch in einem akustischen Chaos wesentliche Informationen herausfiltern können. Und es ist fast nichts wesentlicher, als Dinge über sich selbst zu erfahren. Entsprechend dem großen Interesse der meisten Menschen an der eigenen Person gibt es tausende von sozialpsychologischen Studien, die sich mit dem Thema Selbst befasst haben. Das Selbst umfasst verschiedene Facetten. In diesem Kapitel gehen wir auf drei von ihnen ein. Und zwar besprechen wir das Wissen über sich selbst (Selbstkonzept), die Bewertung der eigenen Person (Selbstwert) sowie die Kontrolle über das eigene Handeln (Selbstregulation).

2.1 Das Selbstkonzept

Das Selbstkonzept kann als der *Inhalt unseres Selbst* aufgefasst werden. Es beinhaltet unser gesamtes Wissen über unsere eigene Person. Man nimmt sich beispielsweise als politisch interessiert, extravertiert und gutmütig wahr. Da es für die meisten von uns nichts Wichtigeres gibt als die eigene Person, geht man davon aus, dass andere Personen einen selbst ebenfalls aufmerksam betrachten und das eigene Erscheinungsbild intensiv studieren.

Beispiel
► Sie sind auf eine Party eingeladen und überlegen, was Sie anziehen. Sie haben sich für ein bestimmtes Kleidungsstück entschieden, kommen aber ins Grübeln, wie Ihre Freunde Ihre Kleidungswahl finden werden, und probieren noch andere Kleidungsstücke an. Nach vielfachem Hin und Her gehen Sie endlich zur Party, jedoch noch voller Sorge, ob Ihre Kleidung das Wohlwollen der anderen Partygäste erfährt. Nur, achten andere tatsächlich so aufmerksam darauf, welche Kleidung Sie tragen? ◄◄

Gilovich und Kollegen (Gilovich, Medvec & Savitsky, 2000) gingen dieser Frage nach und baten Probanden, ein T-Shirt zu tragen, auf dem eine berühmte Person abgebildet war. Nachdem sich die Probanden für eine kurze Zeit zusammen mit anderen Personen in einem Raum aufgehalten hatten, wurden sie gefragt, wie viele von diesen Personen sich an die Person auf dem T-Shirt erinnern können würden. Im Durchschnitt vermuteten die Probanden, dass ungefähr jede zweite Person die Person auf dem T-Shirt richtig identifizieren könnte. Tatsächlich jedoch war nicht einmal jeder Zehnte dazu in der Lage. Dies ist ein Beispiel für den sogenannten Spotlight-Effekt.

Definition
► Der Spotlight-Effekt besagt, dass Menschen überschätzen, wie aufmerksam andere Personen das eigene Erscheinungsbild wahrnehmen. ◄◄

In weiteren Studien untersuchten Gilovich und Kollegen (Gilovich, Savitsky & Medvec, 1998), wie genau Gefühlszustände von anderen Personen wahrgenommen werden. In einer Studie wurden Probanden gebeten, den Geschmack von verschiedenen Getränken zu testen. Dieser Geschmackstest wurde von zehn anderen Personen beobachtet. Fünf der zu probierenden Getränke enthielten einen sehr unangenehmen Geschmack, wogegen zehn Getränke einen neutralen Geschmack aufwiesen. Bei allen Getränken sollten die Probanden versuchen, einen neutralen Gesichtsausdruck zu wahren. Das, was die Probanden dachten, wie viele von den zehn Beobachtern mittels des Gesichtsausdrucks sagen konnten, ob das Getränk einen unangenehmen Geschmack hatte, wurde verglichen mit der tatsächlichen Urteilsgenauigkeit der Beobachter. Ähnlich wie beim Spotlight-Effekt zeigte sich, dass die Probanden überschätzten, wie genau andere die eigenen Gefühlszustände erraten können.

Wie akkurat kann man überhaupt die eigenen Gefühlszustände vorhersagen? Ganz generell kann man sagen, dass Personen gut einschätzen können, was sie glücklich und was sie unglücklich macht. Wir wissen also, dass ein bestandenes Examen unsere Stimmung hebt, wogegen das Nichtbestehen eines Examens unsere Stimmung drückt. Allerdings neigen wir dazu, die Intensität und Dauer unserer emotionalen Reaktionen auf zukünftige Ereignisse zu überschätzen (Wilson & Gilbert, 2003).

 Beispiel
▶ Fußballfans von Borussia Dortmund konnten sicherlich richtig vorhersagen, dass sie sich freuen werden, wenn ihr Verein nach einer gefühlten Ewigkeit wieder einmal deutscher Meister wird. Jedoch fiel die Freude bei den meisten möglicherweise nicht so stark aus, und das Glücksgefühl ist auch schneller verflogen, als antizipiert wurde. Zwar war die Meisterfeier und alles, was dazugehörte, sehr schön, nur besteht das Leben für die meisten nicht nur aus Fußball. Die Freude über den Gewinn der Meisterschaft wurde vielleicht getrübt durch Ärger im Beruf oder einen Streit mit dem Partner, der die Leidenschaft für den Verein noch nie nachvollziehen konnte. ◀◀

Es ist also selten so, dass unser Wohlbefinden ausschließlich durch eine Begebenheit bestimmt wird. Unser alltägliches Wohlbefinden hängt in den allermeisten Fällen von einer Vielzahl an Ereignissen ab. Dies ist uns bei der Vorhersage unserer Gefühle jedoch nur unzureichend bewusst. Bei der Vorhersage der emotionalen Reaktionen auf ein zukünftiges Ereignis *fokussiert* man auf dieses Ereignis und unterschätzt, wie sehr andere Ereignisse das eigene Wohlbefinden beeinflussen (Wilson, Wheatley, Meyers, Gilbert & Axsom, 2000).

Merke
▶ Insgesamt ist unser Wissen über uns selbst gut ausgeprägt. Allerdings überschätzen wir zumeist, wie gut wir uns kennen. ◄◄

2.2 Selbstwert

Der Selbstwert einer Person spiegelt den Eindruck wider, den die Person von sich selbst hat.

- Wie zufrieden ist man mit sich selbst?
- Wie positiv ist die Einstellung gegenüber der eigenen Person?
- Inwieweit denkt man, man besäße eine Reihe guter Eigenschaften?

Je mehr man diese Fragen bejaht, desto positiver ist die eigene Meinung von sich selbst. Fragen wie diese werden eingesetzt, um den *expliziten* Selbstwert einer Person zu erfassen (Rosenberg, 1965). Dabei erfasst man die bewusste Bewertung der eigenen Person. Die unbewusste Bewertung der eigenen Person stellt der *implizite* Selbstwert dar. Dabei werden Objekte bewertet, die mehr oder weniger stark mit dem Selbst in Verbindung gebracht werden. Je positiver Objekte wahrgenommen werden, die eng mit der eigenen Person assoziiert sind, desto positiver fällt der implizite Selbstwert aus. Expliziter und impliziter Selbstwert sind nur moderat miteinander korreliert. Es ist also gut denkbar, dass eine Person einen hohen expliziten, aber einen niedrigen impliziten Selbstwert aufweist (oder umgekehrt). Auf einer bewussten Ebene ist diese Person zufrieden mit sich selbst. Die nicht bewusste Bewertung der eigenen Person fällt dagegen ungünstig aus.

2.2.1 Expliziter Selbstwert

Die meisten Menschen haben einen hohen expliziten Selbstwert.
Die am häufigsten eingesetzte Skala, um den expliziten Selbstwert zu erfassen, die Rosenberg-Selbstwertskala, besteht aus
zehn Items. Die gängige Skalierung ist von 1 bis 4, sodass der
Mittelwert der Skala 25 beträgt, mit einem Minimalwert von 10
und einem maximalen Wert von 40. In den meisten Untersuchungen liegt der Durchschnittswert über alle Probanden hinweg
weit über dem Mittelwert der Skala. So erreichten Collegestu-
denten in einer großangelegten Studie von Twenge und Campbell (2001) einen mittleren Wert von nahezu 33. Wenn wir also
im Folgenden von Personen mit einem hohen Selbstwert sprechen, erzielen diese einen sehr hohen Wert auf einer Selbstwertskala, wohingegen Personen mit einem niedrigen Selbstwert
einen moderaten Wert auf einer Selbstwertskala erlangen.

 **Merke**
► Die meisten Menschen im westlichen Kulturkreis haben
einen hohen expliziten Selbstwert. ◄◄

Auf einer bewussten Ebene geben also die meisten von uns an,
sie seien mit sich und ihren Eigenschaften sehr zufrieden. Einen
hohen Selbstwert zu haben, ist in vielerlei Hinsicht förderlich.
So geht ein hoher Selbstwert mit allgemeinem Glücksempfinden
und mit Lebenszufriedenheit einher. Zudem neigen Personen
mit einem hohen Selbstwert zu Persistenz nach Misserfolg, lassen sich also durch Rückschläge nicht entmutigen (McFarlin,
Baumeister & Blascovich, 1984).

Um 1980 wird die Steigerung des Selbstwerts vor allem in den
USA als Mittel angesehen, um soziale Probleme zu bewältigen
(wie Drogenmissbrauch, Schwangerschaften bei Jugendlichen,
Kriminalität). Programme wie „Uniquely Me!", die den Selbstwert steigern sollen, wurden eingesetzt. Auf der einen Seite waren diese Programme durchaus erfolgreich: Obwohl der Selbstwert, gemessen über eine typische explizite Selbstwertskala,
ohnehin bereits vor der Einführung dieser Programme sehr hoch
ausgefallen ist, ist der Selbstwert in den letzten Jahren noch ein-

mal gestiegen (Gentile, Twenge & Campbell, 2010). Auf der anderen Seite allerdings blieben die meisten sozialen Probleme in den USA entweder bestehen oder haben sich sogar noch verschlimmert (Ausnahmen bestehen in der Kriminalitätsrate sowie der Abhängigkeit von Sozialhilfe: Beide sind in den letzten Jahren gefallen. Jedoch ist fraglich, ob tatsächlich der Anstieg am Selbstwert dafür verantwortlich ist). Entsprechend vertreten einige Autoren (z. B. Baumeister, Campbell, Kruger & Vohs, 2003) die Ansicht, dass die Rolle des Selbstwerts für das Wohlbefinden von Personen und ganzen Gesellschaften maßlos überschätzt wird. Stattdessen ist die Empfehlung, menschliche Selbstregulationsfähigkeiten zu steigern. Bevor wir auf die Selbstregulation eingehen, besprechen wir zunächst aber den impliziten Selbstwert.

2.2.2 Impliziter Selbstwert

Beispiel
▶ Wie sehr mögen Sie die Buchstaben des Alphabets? Bitte verwenden Sie eine Skala von 1 bis 9. 1 bedeutet, dass Sie den Buchstaben gar nicht mögen; 9 bedeutet, dass Sie den Buchstaben sehr mögen. Sie können natürlich auch die Zahlen dazwischen auswählen. Weiter unten erfahren Sie, wie man diese Werte interpretieren kann.

A	__	N	__
B	__	O	__
C	__	P	__
D	__	Q	__
E	__	R	__
F	__	S	__
G	__	T	__
H	__	U	__
I	__	V	__
J	__	W	__
K	__	X	__
L	__	Y	__
M	__	Z	__ ◀◀

Im Gegensatz zum expliziten Selbstwert wird der implizite
Selbstwert auf einer unbewussten Ebene erfasst. Der implizite
Selbstwert erfasst also, wie zufrieden eine Person mit sich selbst
ist, ohne dass ihr der eigene Selbstwert bekannt ist. Konkret wird
der implizite Selbstwert durch die Bewertung von Objekten gemessen, die mehr oder weniger mit dem eigenen Selbst assoziiert
sind. Beispielsweise werden Probanden gebeten, alle Buchstaben
des Alphabets hinsichtlich ihrer Attraktivität zu bewerten. Verglichen werden die Einschätzungen der eigenen Initialen mit
den Einschätzungen aller anderen Buchstaben. Beim Autor dieses Buches würde man also die Bewertung der Buchstaben T
und G der Bewertung der restlichen 24 Buchstaben des Alphabets gegenüberstellen. (Falls Vor- und Nachname mit dem gleichen Buchstaben anfangen, vergleicht man die Bewertung dieses
Buchstabens mit der Bewertung der restlichen 25 Buchstaben.)
Wenn Sie also das oben aufgeführte Beispiel bearbeitet haben,
können Sie nun die Bewertung Ihrer Initialen mit der Bewertung
der anderen Buchstaben vergleichen. Je positiver die eigenen
Initialen relativ zu den restlichen Buchstaben bewertet werden,
desto höher fällt der implizite Selbstwert aus.

Ähnlich wie beim expliziten Selbstwert stellt sich üblicherweise heraus, dass die meisten Menschen einen hohen impliziten
Selbstwert aufweisen (Nutin, 1985). Die meisten Menschen bevorzugen also Objekte, die mit dem eigenen Selbst verbunden
sind. Diese Tendenz wird als *Implicit Egotism* bezeichnet (Pelham, Carvallo & Jones, 2005), die interessante Konsequenzen
auf Verhaltensebene nach sich zieht. So zeigten Pelham und
Kollegen, dass Implicit Egotism bedeutsame Lebensentscheidungen beeinflusst. Die Entscheidungen, wo man wohnt, welchen Beruf man ausübt und wen man heiratet, sind zum Teil
durch den eigenen Namen bedingt. Eine Person, die beispielsweise Markus heißt, zieht demnach überzufällig häufig nach
Mannheim, arbeitet als Makler und heiratet eine Martina. Eine
Person dagegen, die Stefanie heißt, zieht möglicherweise eher
nach Stuttgart, arbeitet als Staatsanwältin und heiratet einen
Stefan. Manche Leser mögen sich über diese Befunde wundern.
Natürlich sind solche Entscheidungen von einer Vielzahl an
Faktoren beeinflusst und manche Faktoren spielen sicherlich

eine größere Rolle als die eigenen Initialen. Wie verschiedene
Studien aber relativ konsistent zeigen, trägt der eigene Name
einen Teil des Mosaiks bei.

Merke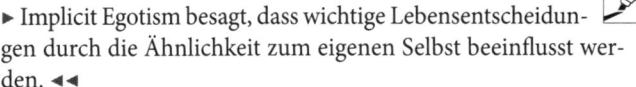
► Implicit Egotism besagt, dass wichtige Lebensentscheidun-
gen durch die Ähnlichkeit zum eigenen Selbst beeinflusst werden. ◄◄

2.3 Selbstregulation

Unter Selbstregulation (oftmals wird auch der Begriff *Selbstkontrolle* verwendet) versteht man die Fähigkeit, erwünschtes Verhalten zu zeigen und unerwünschten Impulsen zu widerstehen.
Und unglücklicherweise sind unerwünschte Impulse ein bedeutsamer Teil unseres Alltagslebens.

Beispiele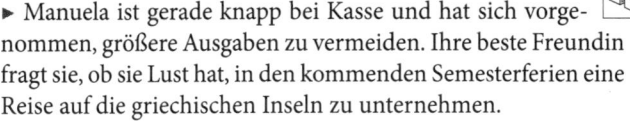
► Manuela ist gerade knapp bei Kasse und hat sich vorge-
nommen, größere Ausgaben zu vermeiden. Ihre beste Freundin
fragt sie, ob sie Lust hat, in den kommenden Semesterferien eine
Reise auf die griechischen Inseln zu unternehmen.
   Bernd will in der nächsten Sozialpsychologieklausur eine gute
Note erzielen und will daher den ganzen Abend lernen. Seine
Mitbewohner gehen dagegen auf eine Party und drängen ihn,
mitzugehen.
   Christine arbeitet an ihrer Fitness und geht regelmäßig zum
Joggen. Auch für heute hatte sie sich es vorgenommen, nur reg-
net es in Strömen. ◄◄

So unterschiedlich diese Situationen auch sind, alle haben gemein, dass die betroffene Person einer Versuchung ausgesetzt
ist, der sie eigentlich widerstehen möchte. Aus einer persön-
lichkeitspsychologischen Perspektive kann man festhalten, dass
es große individuelle Unterschiede gibt, wie gut man solchen
Impulsen widerstehen kann (Tangney, Baumeister & Boone,
2004).

Solche stabilen Selbstregulationsfähigkeiten sind mit einer Vielzahl an positiven Begleiterscheinungen verbunden. Personen,
die über hohe Selbstregulationsfähigkeiten verfügen, neigen in
geringerem Maße zu Alkoholmissbrauch, haben einen höheren
Selbstwert und weniger psychische Auffälligkeiten, weisen bessere interpersonelle Fähigkeiten auf und führen entsprechend
zufriedenere Beziehungen, neigen weniger zu Aggression und
Gewalt und sind erfolgreicher in Prüfungen (Tangney et al.,
2004).

Sozialpsychologisch interessant ist die Tatsache, dass sich auch
situative Umstände auf die Selbstregulationsfähigkeiten einer
Person auswirken. Nach Muraven und Baumeister (2000) kann
man Selbstregulation wie eine *begrenzte Ressource* auffassen: Sie
funktioniert wie ein Muskel, der ermüden kann. Ganz unterschiedliche Selbstregulationstätigkeiten beanspruchen die gleiche
Ressource. Wenn diese Ressource bei einer Aufgabe in Anspruch
genommen wurde, dann hat man nachfolgend geringere Selbstregulationsfähigkeiten und ist entsprechend auch bei anderen
Aufgaben weniger in der Lage, unerwünschten Impulsen erfolgreich zu widerstehen. Wer gerade auf Diät ist und kalorienhalti-
gem Essen entsagen muss, dem gelingt es als Folge dessen beispielsweise weniger, unangenehme Hausarbeit zu leisten.

Merke

▶ Die Fähigkeit zur Selbstkontrolle nimmt mit der zuneh-
menden Bearbeitung von Aufgaben, die Willenskraft erfordern,
ab. ◀◀

Das Bearbeiten einer ersten Selbstregulationsaufgabe wirkt sich
jedoch nur leistungsmindernd auf nachfolgende Aufgaben aus,
die ebenfalls Selbstregulationsfähigkeiten in Anspruch nehmen,
nicht aber auf Aufgaben, bei deren Bearbeitung keine unerwünschten Impulse unterdrückt werden müssen. Schmeichel,
Vohs und Baumeister (2003) testeten die Hypothese, dass das
Bearbeiten einer Selbstregulationsaufgabe nachfolgende kognitiv anspruchsvolle, nicht aber anspruchslose, intellektuelle Leistungen beeinträchtigt. In einer Studie wurde allen Probanden
ein Film vorgeführt, bei dessen Vorführung in unregelmäßigen

Abständen irrelevante Wörter eingeblendet wurden. Die Probanden, deren Selbstregulationsfähigkeiten in Anspruch genommen wurden, sollten ihre Aufmerksamkeit kontrollieren. Ihnen wurde gesagt, dass sie die Wörter nicht betrachten sollten. Die Probanden in der Kontrollbedingung erhielten keine Instruktionen bezüglich dieser Wörter. Danach bearbeiteten die Probanden eine anspruchsvolle Leseverständnisaufgabe und eine anspruchslose Gedächtnisaufgabe. Wie erwartet, minderte die Kontrolle der eigenen Aufmerksamkeit die nachfolgenden Leistungen bei der anspruchsvollen, nicht aber bei der anspruchslosen Aufgabe (s. **Abb. 2.1**).

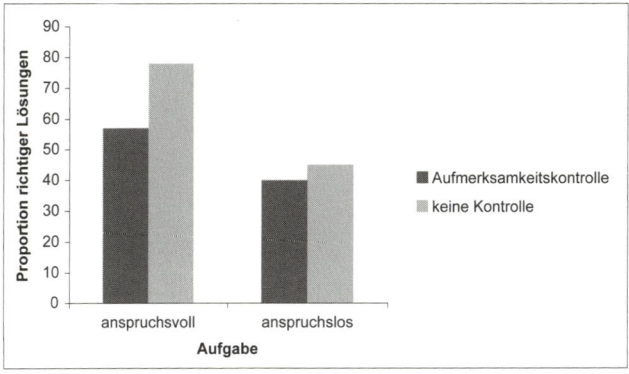

Abb. 2.1: Proportion richtiger Lösungen bei kognitiv anspruchsvollen und anspruchslosen Aufgaben in Abhängigkeit von der vorherigen Beanspruchung von Selbstregulationsfähigkeiten (nach Schmeichel et al., 2003)

Individuen ist es bewusst, dass Selbstregulation eine limitierte Ressource darstellt. Wenn sie nach der Bearbeitung einer ersten Selbstregulationsaufgabe antizipieren, dass sie für eine zukünftige Aufgabe Selbstregulationsfähigkeiten benötigen, schneiden sie bei einer zwischengeschalteten Selbstregulationsaufgabe schlechter ab als Individuen, die keine weitere Selbstregulationsaufgabe zu bearbeiten haben (Muraven, Shmueli & Burkley, 2006). Man schont also bewusst die eigenen Kräfte für nachfolgende Aufgaben.

Neuere Untersuchungen (Gailliott & Baumeister, 2007) zeigen, dass *Glukose* (Blutzuckerspiegel) die limitierende Energiequelle ist, die für die verringerten Leistungen bei nachfolgenden Selbstregulationsaufgaben verantwortlich ist. Das Ausführen einer Selbstregulationsaufgabe verbraucht Glukose. Die verminderte Glukose wiederum senkt nachfolgende Leistungen in Aufgaben, die ebenso Selbstregulationsfähigkeiten beanspruchen. Kurzfristig kann entsprechend ein Glukosegetränk die Kontrolle über das eigene Handeln wiederherstellen. Langfristig dagegen ist das Training der eigenen Selbstregulationsfähigkeiten erfolgversprechender (Baumeister, Gailliot, DeWall & Oaten, 2006). Genau wie man Muskeln im Fitnessstudio trainieren kann, kann man durch das Beanspruchen von Selbstregulationsfähigkeiten diese langfristig fördern. Wenn Sie also oftmals einer Ablenkung vom Lernen auf eine Prüfung nicht widerstehen können, können Sie ihren zukünftigen Erfolg durch das Fördern ihrer Selbstregulationsfähigkeiten steigern.

Zusammenfassung

Die eigene Person als Objekt der Betrachtung, also das Selbst, ist für viele das bedeutsamste Thema überhaupt. Das Selbst besteht aus verschiedenen Facetten. Das Selbstkonzept ist die kognitive Facette und umfasst das gesammelte Wissen über die eigene Person. Die meisten Menschen überschätzen, wie wichtig die eigene Person und Erscheinungsbild für andere Menschen sind. Die eigenen Gefühle kann man von der Richtung gut vorhersagen, man überschätzt aber die Intensität und Dauer, wie man auf zukünftige Ereignisse reagieren wird. Der Selbstwert ist die emotionale Facette und erfasst, wie zufrieden man mit sich selbst ist. Unterscheiden kann man den expliziten vom impliziten Selbstwert. Der explizite Selbstwert ist die wissentlich zugängliche Bewertung der eigenen Person. Erfasst wird er, indem Menschen direkt befragt werden, wie zufrieden sie mit sich selbst sind. Im westlichen Kulturkreis werden dabei üblicherweise Werte erzielt, die weit über dem Skalenmittelwert liegen. Die meisten Menschen geben also an, dass sie sehr zufrieden mit

sich selbst sind. Der implizite Selbstwert stellt die nichtbewuss-
te Bewertung der eigenen Person dar. Erfasst wird hier, wie positiv oder negativ Objekte beurteilt werden, die unterschiedlich
stark mit der eigenen Person assoziiert sind. Expliziter und impliziter Selbstwert sind nur moderat miteinander korreliert. Aber
so wie der explizite Selbstwert fällt auch der implizite Selbstwert
bei den meisten Menschen im westlichen Kulturkreis positiv aus.
Dass die meisten Menschen einen hohen impliziten Selbstwert
aufweisen, wirkt sich auf bedeutsame Lebensentscheidungen
aus. Die Wahl des Wohnorts, des Berufs und des Partners wird
zum Teil durch die Ähnlichkeit zu den eigenen Initialen bestimmt. Selbstregulation ist die handlungsleitende Facette des
Selbst und geht mit verschiedenen positiven intra- und inter-
personellen Konsequenzen einher. Es bestehen stabile interin-
dividuelle Unterschiede, wie erfolgreich Menschen unerwünschten Impulsen widerstehen können. Selbstregulationsfähigkeiten
sind aber auch variabel, indem sie nach Beanspruchung ermüden. Die Bearbeitung einer Aufgabe, die Selbstregulationsfähigkeiten in Anspruch nimmt, mindert die Leistung bei einer nachfolgenden Aufgabe, die ebenfalls Selbstregulation erfordert, auch
wenn die beiden Aufgaben unterschiedlich sind. Durch die re-
gelmäßige Beanspruchung von Selbstregulationsfähigkeiten
kann man diese jedoch langfristig stärken.

Literaturempfehlungen

Baumeister, R. F., Campbell, J. D., Krueger, J. I. & Vohs, K. D. (2003).
    Does high self-esteem cause better performance, interpersonal suc-
    cess, happiness, or healthier lifestyles? *Psychological Science in the
    Public Interest, 4,* 1–44.
Baumeister, R. F., Vohs, K. D. & Tice, D. M. (2007). The strength model
    of self-control. *Current Directions in Psychological Science, 16,* 396–403.
Greve, W. (Hrsg.). (2000). *Die Psychologie des Selbst.* Weinheim: PVU.
Pelham, B. W., Carvallo, M. & Jones, J. T. (2005). Implicit egoism. *Cur-
    rent Directions in Psychological Science, 14,* 106–110.
Schütz, A. (2003). *Selbstwertgefühl. Zwischen Selbstakzeptanz und Ar-
    roganz* (2., überarb, Aufl,). Stuttgart: Kohlhammer.
Tangney, J. P., Baumeister, R. F. & Boone, A. L. (2004). High self-control
    predicts good adjustment, less pathology, better grades, and inter-
    personal success. *Journal of Personality, 72,* 271–324.

Wilson, T. D. & Gilbert, D. T. (2003). Affective forecasting. In M. P.
Zanna (Hrsg.), *Advances in experimental social psychology* (Bd. 35,
S. 345–411). San Diego: Academic Press.

Fragen zur Selbstüberprüfung

1. Wieso überschätzen Menschen die Dauer und Intensität
   ihrer emotionalen Reaktionen auf zukünftige Ereignisse?
2. Wie werden expliziter und impliziter Selbstwert gemessen?
3. Was besagt der Begriff „Implicit Egotism"?
4. Welches ist die begrenzte Ressource, die für die verringerten Leistungen bei wiederholten Selbstregulationsaufgaben
   verantwortlich ist?
5. Wieso ist Ihrer Ansicht nach das Stärken von Selbstregulationsfähigkeiten bedeutsamer als die Förderung des
   Selbstwerts, um positive intra- und interpersonelle Konsequenzen zu erzielen?

3   Soziale Kognition

Inhalt
Soziale Kognition beschreibt das menschliche Denken über sich selbst und die eigene soziale Welt. Dieses Denken erfolgt entweder unbewusst oder bewusst. Unbewusstes Denken erleichtert das Alltagsleben, führt aber auch zu systematischen Urteilsverzerrungen.

Soziale Kognition befasst sich mit der Art und Weise, wie Menschen Informationen über sich und ihre soziale Umwelt aufnehmen, verarbeiten, interpretieren und erinnern. Diese Informationsverarbeitung kann entweder spontan und unabsichtlich oder systematisch und absichtlich erfolgen (Strack & Deutsch, 2004). Erstere Form wird als *automatischer* Prozess bezeichnet, der gegeben ist, wenn das Denken unbewusst, ohne Absicht und mühelos erfolgt. Die zweite Form bezeichnet man als *kontrollierten* Prozess, wenn das Denken einer bewussten Kontrolle unterliegt, absichtlich erfolgt und aufwändig ist.

Merke
▶ Das Denken über sich selbst und die eigene soziale Umwelt erfolgt sowohl automatisch als auch kontrolliert. ◀◀

In diesem Kapitel werden wir vor allem auf die automatischen Prozesse zu sprechen kommen. Beginnen werden wir mit den Auswirkungen von *Schemata* auf Informationsverarbeitungsprozesse. Ein Schema kann als mentale Struktur aufgefasst werden, in der Wissen über die soziale Welt organisiert ist. Die Anwendung dieses Wissens erleichtert den Prozess der Eindrucksbildung, da verfügbare Informationen leichter und schneller verarbeitet werden können. Der geringe kognitive Aufwand hat jedoch seinen Preis: So werden die Informationen den Schemata angeglichen und führen auch zu der Bestätigung eines Schemas, selbst wenn die Informationen objektiv gesehen gegen das Schema sprechen. Anschließend besprechen wir, wie automatisches Handeln durch Schemata über Mitglieder einer sozialen Gruppe beeinflusst wird. Schließlich gehen wir auf Daumenregeln (sogenannte *Heuristiken*) ein, die unsere Urteilsfindung erleichtern, aber auch zu systematischen Urteilsverzerrungen führen.

3.1   Wie Schemata unsere Wahrnehmung steuern

 **Definition**
► Schemata sind mentale Wissensstrukturen über Objekte und Konzepte. ◄◄

Wir haben beispielsweise gelernt, dass man per E-Mail Nachrichten verschicken und dass man auf Stühlen sitzen kann. Schemata können Handlungsmuster in bestimmten Situationen beinhalten (sogenannte *Skripts*), die unser Wissen über das jeweilige sozial angemessene Verhalten widerspiegeln. So ist es üblich, dass man nach einem Restaurantbesuch für das Essen bezahlt, wogegen in Kantinen (oder in der Mensa) nach der Essensausgabe bezahlt wird. Schemata führen zu Erwartungen, wie die eigene soziale Welt beschaffen sein sollte. Diese Erwartungen wiederum leiten die Wahrnehmung und Interpretation von Informationen.

3.1.1   Erwartungskongruente Bewertung von Informationen

Beispiel
► Im Jahr 2007 ergab eine Studie im Auftrag des Bundesamtes für Strahlenschutz, dass das Risiko für Kinder an Leukämie zu erkranken steigt, je näher sie an einem Kernkraftwerk wohnen. Gegner des Atomstroms fühlten sich entsprechend bestätigt und forderten eine sofortige Abschaltung der Reaktoren. Aller-

dings führten die Wissenschaftler weiter aus, dass die Strahlenbelastung zu gering sei, um einen Zusammenhang zwischen der Nähe des Wohnorts zu einem Kernkraftwerk und der Gefahr einer Leukämieerkrankung eindeutig nachweisen zu können. Die Befürworter des Atomstroms stützten sich auf diese Aussage der Studie und fühlten sich ebenso in ihrer Position bestätigt. So kam für die damalige bayerische Wirtschaftsministerin Emilia Müller der Ausstieg aus der Atomenergie nicht in Frage. ◄◄

Nicht nur in der Politik ist es oftmals so, dass sich verschiedene Personen durch die gleichen neuen Informationen bestätigt sehen, obwohl sie unterschiedliche Positionen vertreten. Diese Tendenz wird als erwartungskongruente Bewertung von Informationen bezeichnet und eindrucksvoll empirisch in einer klassischen Studie von Lord, Ross und Lepper (1979) nachgewiesen. In dieser Untersuchung wurden Befürwortern und Gegnern der Todesstrafe die Ergebnisse zweier angeblicher wissenschaftlicher Studien vorgelegt, von denen die eine einen Beleg für die abschreckende Wirkung der Todesstrafe lieferte, wogegen die andere einen gegenteiligen Beleg erbrachte. Während die Befürworter der Todesstrafe die Studie positiver beurteilte, die für die abschreckende Wirkung der Todesstrafe sprach, zeigte sich das Gegenteil bei den Gegnern der Todesstrafe. Als Folge dessen waren beide Gruppen noch mehr als zuvor von ihrer jeweiligen Position überzeugt. Die Befürworter waren sich sicherer über den Nutzen der Todesstrafe, wogegen die Gegner weniger überzeugt waren. Obwohl beide Seiten also konträre Studienergebnisse vorgelegt bekamen, waren alle von ihren anfänglichen Standpunkten noch stärker überzeugt.

Warum werden erwartungskongruente Argumente positiver bewertet als erwartungskonträre? Neben motivationalen Aspekten, dass man sich gerne bestätigt sieht, spielen kognitive Ursachen eine entscheidende Rolle: Während erwartungskongruente Argumente nach Augenschein akzeptiert werden, werden erwartungskonträre Argumente intensiv durchleuchtet, was wiederum die Wahrscheinlichkeit erhöht, Schwachstellen in der Argumentation aufzudecken (Edwards & Smith, 1996). Dieser Prozess ist in **Abbildung 3.1** wiedergegeben.

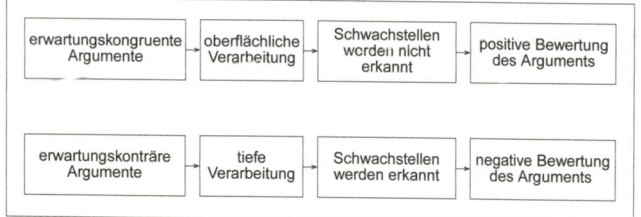

Abb. 3.1: Unterschiedliche Prüfung erwartungskongruenter und erwartungskonträrer Argumente

Personen, die also widersprüchlichen Argumenten ausgesetzt sind, geben nicht nur vor, dass sie stärker überzeugt von ihrer Position sind. Sie sind es tatsächlich. Man kann also davon ausgehen, dass die Befürworter und Gegner von Atomstrom nicht einfach aus politischen Gründen angeben, sie fühlten sich bestätigt, sondern sie glauben wirklich, dass die Studienergebnisse ihren (konträren) Positionen entsprechen. Oftmals wird Politikern unterstellt, sie biegen sich alles zurecht, damit es ihren Standpunkten entspricht. Das mag stimmen. Aber man sollte ihnen nicht unbedingt unterstellen, dass sie nicht selbst an ihre Standpunkte glauben.

3.1.2 Positive Teststrategie

Personen bewerten also Informationen, die ihren Meinungen entsprechen, positiver als widersprüchliche Informationen. Ein weiterer Prozess, wie Personen ihre Meinungen bestätigen, stellt die Suche nach Informationen dar. Im Allgemeinen suchen Personen aktiv nach erwartungskongruenten Informationen und vermeiden erwartungskonträre.

Beispiel
▸ Über den ehemaligen republikanischen US-Vizepräsidenten Dick Cheney war bekannt, dass Hotelmanager angewiesen waren, einen konservativen Fernsehkanal in seinem Zimmer einzustellen. ◂◂

Snyder und Swann (1978) untersuchten diese sogenannte positive Teststrategie wie folgt: Probanden hatten die Aufgabe, ein Interview im Rahmen eines Bewerbungsgesprächs zu führen. Einer Hälfte der Probanden wurde mitgeteilt, dass eine extravertierte Person besonders geeignet sei, wogegen die restlichen Probanden davon ausgingen, dass eine introvertierte Person passen würde. Die Probanden erhielten einen Fragebogenkatalog, aus denen sie zwölf Fragen auswählen sollten, um den Persönlichkeitstyp des Bewerbers herauszufinden. Die Antworten auf manche dieser Fragen deuteten auf eine extravertierte Person hin (z. B. „Was würdest du machen, um eine Party in Gang zu bringen?"), wogegen andere auf eine introvertierte Person abzielten (z. B. „Was magst du nicht an lauten Partys?"). Die Probanden, die einen extravertierten Bewerber suchten, stellten vor allem Extraversions-Fragen, während die, die einen introvertierten suchten, vor allem Introversions-Fragen stellten. Individuen verwenden also vor allem erwartungskongruente (und vermeiden erwartungskonträre) Fragen bei der Suche nach Informationen.

3.1.3 Sich selbst erfüllende Prophezeiungen

Bisher haben wir betrachtet, wie eigene Erwartungen die Interpretation und die Suche von kongruenten und konträren Informationen beeinflussen. Man fühlt sich bestätigt, obwohl die Informationslage nicht unbedingt dies auch nahelegt. Ein Verhalten einer anderen Person wird beispielsweise als unhöflich wahrgenommen, da man zuvor schon das Bild eines Rüpels von dieser Person hatte. Ein anderer Beobachter dagegen, der die Person bisher als lebhaft kennengelernt hatte, würde das Verhalten als energisch interpretieren.

Erwartungen können aber auch weiter reichen, indem sie tatsächlich *ihre eigene Wirklichkeit schaffen*. Die Informationen werden nicht nur entsprechend der eigenen Erwartungen interpretiert, sie sind tatsächlich konform mit den eigenen Erwartungen. Allerdings sind sie nur deshalb konform, da man bestimmte Erwartungen hat, die das eigene Verhalten steuern, die wiederum ein entsprechendes Verhalten einer anderen Person hervorruft.

Beispiel

► Stellen Sie sich vor, Sie lernen Frank kennen, über den Sie von Freunden erfahren haben, er sei unfreundlich. Sie treten mit dieser Erwartung in Kontakt mit Frank und sind entsprechend kühl. Frank nimmt dies wahr und reagiert abweisend. Sie wiederum fühlen sich in Ihrer Erwartung bestätigt. Ihre Freunde hatten Recht: Frank ist in der Tat unfreundlich. Frank hat sich in der Interaktion zwischen Ihnen beiden tatsächlich nicht freundlich verhalten. Frank könnte wirklich von seiner Persönlichkeit her ein unangenehmer Zeitgenosse sein. Jedoch ist es auch denkbar, dass sein konkretes Verhalten nur eine Konsequenz Ihres Verhaltens ist. Ihre Erwartung an Frank hat Ihr Verhalten ihm gegenüber gesteuert, was wiederum eine Verhaltensreaktion von Frank hervorgerufen hat, die Ihre Erwartung bestätigt. Aber wie anders hätte Ihre Begegnung ausfallen können, wenn Sie die Erwartung gehabt hätten, Frank sei ein freundlicher Mensch! ◄◄

Sich selbst erfüllende Prophezeiungen sind in den unterschiedlichsten Zusammenhängen nachgewiesen worden. Im Kapitel 9 „Interpersonelle Attraktion" besprechen wir die Studie von Snyder und Kollegen (Snyder, Tanke & Berscheid, 1977), im Kapitel 7 „Vorurteile" die Studie von Word und Kollegen (Word, Zanna & Cooper, 1974).

Für den schulischen Bereich zeigten Rosenthal und Jacobson (1968), wie Erwartungen ihre eigene Wirklichkeit schaffen können. Zu Beginn eines neuen Schuljahrs wurde der *Intelligenzquotient* von Schülern verschiedener Klassen gemessen. Den Lehrern dieser Schüler wurde suggeriert, mithilfe dieses Tests könne festgestellt werden, ob ein Schüler im folgenden Schuljahr beträchtliche akademische Fortschritte machen würde. Daraufhin erfuhren die Lehrer die zufällig ausgewählten Namen ihrer Schüler, die angeblich im kommenden Schuljahr aufblühen würden. Acht Monate später wurden alle Schüler noch einmal auf ihre Intelligenz getestet. Es zeigte sich, dass die Schüler, von denen ihre Lehrer Fortschritte erwarteten, einen größeren Zuwachs in ihrer Intelligenzentwicklung aufwiesen als die Schüler, von denen keine besonderen Fortschritte erwartet wurden. Die

Lehrer gaben zwar an, sie hätten vor allem versucht, die normalen Schüler zu fördern. Unabhängige Beobachtungen ergaben jedoch, dass die Lehrer den Schülern, die ihre Leistungen verbessern sollten, mehr Aufmerksamkeit, Unterstützung und Ermutigung zukommen ließen, interessantere Aufgaben stellten, mehr und bessere Rückmeldung gaben und mehr und länger Möglichkeiten einräumten, sich in der Klasse einzubringen.

Nachfolgende Untersuchungen (Jussim & Harber, 2005) bestätigten, dass sich die Erwartungen von Lehrern bezüglich des Lernfortschritts ihrer Schüler selbst bewahrheiten können, und zwar sowohl Erwartungen von Leistungssteigerungen als auch Erwartungen von Leistungsminderungen.

Merke
▸ Das Phänomen der sich selbst erfüllenden Prophezeiung beschreibt, wie Erwartungen ihre eigene Wirklichkeit schaffen. ◂◂

3.2 Wie Schemata automatisches Handeln beeinflussen

Schemata steuern die Aufnahme und Interpretation von Informationen. Sie steuern aber auch das eigene Verhalten, mit unter Umständen katastrophalen Konsequenzen:

Beispiel
▸ Ein guineischer Immigrant, Amadou Diallo, stand am frühen Morgen des 4. Februar 1999 vor seinem Wohngebäude in New York City. Vier vorbeikommende Polizeibeamte glaubten, Diallo sei ein gesuchter Serienvergewaltiger und sprachen ihn an. Diallo fasste in seine Jacke, woraufhin die Beamten 41 Schüsse auf ihn abgaben. Diallo wurde von 19 Schüssen getroffen und verstarb. Er war nicht nur unschuldig, sondern auch unbewaffnet. Im nachfolgenden Gerichtsprozess gaben die Polizeibeamten an, sie hätten Angst gehabt, Diallo würde eine Waffe ziehen und hätten daher auf ihn geschossen. Diallo war schwarz. Hätten die Polizeibeamten auch auf ihn geschossen, wenn er weiß gewesen wäre? ◂◂

Dieser Vorfall zog verschiedene sozialpsychologische Untersuchungen nach sich, die der Frage nachgingen, ob das Verhalten der Polizeibeamten durch die Hautfarbe des Opfers erklärt werden kann. War also die Entscheidung der Polizeibeamten zu schießen beeinflusst durch ihr Schema über die soziale Gruppenzugehörigkeit Amadou Diallos (ein sogenanntes *Stereotyp*, über das wir im Kapitel 7 „Vorurteile" ausführlicher sprechen werden)?

Ein Schema über Schwarze beinhaltet die Annahme, dass Schwarze eher als Weiße eine Waffe tragen. Diese Annahme wiederum wird schnell und automatisch in einer Begegnung mit einer schwarzen Person angewendet und steuert die eigene Wahrnehmung. Unter Zeitdruck wird daher ein Gegenstand in der Hand einer schwarzen Person eher als Waffe wahrgenommen als ein Gegenstand in der Hand einer weißen Person. Dieser Argumentation gingen Correll, Park, Judd und Wittenbrink (2002) nach.

Sie ließen ihre Probanden ein Videospiel spielen, in der eine weiße oder eine schwarze Person im Spiel entweder bewaffnet war oder nicht (s. **Abb. 3.2**). Die Aufgabe der Probanden war es, so schnell wie möglich auf eine bewaffnete Person zu schießen bzw. auf eine unbewaffnete Person nicht zu schießen. Die Versuchspersonen hatten für ihre Entscheidung sehr wenig Zeit (wie die Polizeibeamten, die auf Amadou Diallo geschossen hatten), so dass sie ihr Handeln kaum bewusst kontrollieren konnten. Eventuelle Fehler der Probanden wären also vor allem als Folge automatischer Prozesse aufzufassen.

Es zeigte sich, dass die Probanden schneller auf eine bewaffnete schwarze Person reagierten als auf eine bewaffnete weiße Person. Bei einer unbewaffneten Person drehte sich dieses Ergebnismuster um: Hier reagierten die Probanden schneller auf eine weiße als auf eine schwarze Person. Gemessen wurde zudem das Auftreten von Fehlern. Wenn die Person im Spiel bewaffnet war, dann wurden mehr Fehler bei einer weißen als bei einer schwarzen Person gemacht (d. h., man schießt nicht auf die bewaffnete Person). Wenn die Person im Spiel nicht bewaffnet war, dann wurden mehr Fehler bei einer schwarzen als bei einer weißen Person gemacht (d. h., man schießt auf die unbewaffnete Person) (s. **Abb. 3.3**).

Abb. 3.2: Ist der Gegenstand in der Hand eine Waffe oder nicht (nach Correll et al., 2002)?

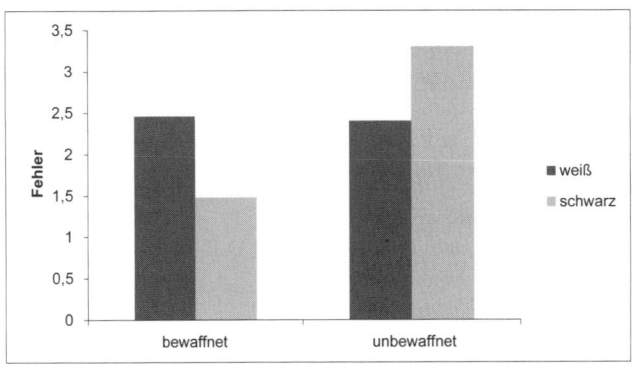

Abb. 3.3: Fehler der Probanden in Abhängigkeit von der Hautfarbe der Zielperson und davon, ob die Zielperson eine Waffe in der Hand hält oder nicht (nach Correll et al., 2002)

Interessanterweise zeigten sich diese Effekte sowohl bei weißen als auch bei schwarzen Probanden, was nahelegt, dass es sich weniger um rassistisch motivierte Tendenzen handelt, als vielmehr um Auswirkungen des Schemas, nach dem Schwarze mehr als Weiße mit Waffen assoziiert werden.

 Merke
▶ Schemata über die soziale Gruppenzugehörigkeit einer Person beeinflussen automatisches Handeln ihr gegenüber. ◀◀

3.3   Urteilsheuristiken

Wie wir bei der Prüfung von erwartungskongruenten und erwartungskonträren Argumenten gesehen haben, werden Informationen entweder einer oberflächlichen oder systematischen Prüfung unterzogen. Im Allgemeinen sind Menschen bestrebt, ihren kognitiven Aufwand gering zu halten (Fiske & Taylor, 1991). In Situationen, die im Einklang mit der eigenen sozialen Welt stehen (wie beispielsweise beim Lernen von erwartungskongruenten Argumenten), wird daher schnell und automatisch ein Urteil getroffen und entsprechend gehandelt. Nur in Situationen, in denen Menschen verunsichert sind (wie beim Lernen von erwartungskongruenten Argumenten), erfolgt kontrolliertes, aufwändiges Denken. In den allermeisten Situationen jedoch vertrauen Menschen ihrer *Intuition*. Dies ist im Allgemeinen hochfunktional. Bedenken Sie die Vielzahl an Entscheidungen, die man an jedem Tag zu treffen hat!

- Was frühstücke ich?
- Fahre ich mit dem Fahrrad oder der U-Bahn zur Universität?
- Rufe ich heute meine Eltern an?
- Gehe ich abends ins Kino?

Die Liste der alltäglichen Entscheidungen, die man zu treffen hat, ist sehr lang. Wenn man jede Entscheidung sorgfältig nach allen Seiten abwägen würde, würde dies so viel Zeit und Energie kosten, dass die Handlungsfähigkeit erheblich eingeschränkt wäre. In der Urteilsfindung vertraut man daher auf einfache *Heuristiken*. Urteilsheuristiken sind „*Daumenregeln*", deren Anwendung den Prozess der Informationsverarbeitung erleichtert. In den meisten Fällen führt die Anwendung von Heuristiken zu guten Urteilen. Es treten aber auch systematische Verzerrungen auf, die die Urteilsgenauigkeit beeinträchtigen.

Die wichtigsten Urteilsheuristiken sind die *Verfügbarkeitsheuristik*, die *Repräsentativitätsheuristik* sowie die *Ankerheuristik*.

Merke

▶ Eine Heuristik ist eine Daumenregel, mit deren Hilfe ressourcensparend Urteile getroffen werden. ◀◀

Verfügbarkeitsheuristik

Beispiel

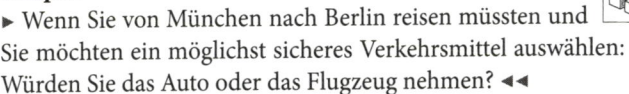

▶ Wenn Sie von München nach Berlin reisen müssten und Sie möchten ein möglichst sicheres Verkehrsmittel auswählen: Würden Sie das Auto oder das Flugzeug nehmen? ◀◀

Die meisten Reisenden würden wahrscheinlich das Auto bevorzugen. Tatsächlich jedoch ist das Flugzeug die weitaus sicherere Alternative. Wenn ein Reisender mit dem Auto zum Flughafen gefahren ist, hat er den gefährlichsten Teil seiner Reise bereits geschafft (Gigerenzer, 2002). Warum aber überschätzen Menschen die Absturzgefahr eines Flugzeugs (bzw. unterschätzen die Gefahren des Autofahrens)? Dies ist ein Beispiel für das Wirken der Verfügbarkeitsheuristik. Beim Treffen von Wahrscheinlichkeitsurteilen verlässt man sich auf früher erworbenes Wissen. Je leichter relevante Ereignisse aus dem Gedächtnis abgerufen werden können, desto größer wird die Wahrscheinlichkeit ihres Auftretens eingeschätzt.

Merke

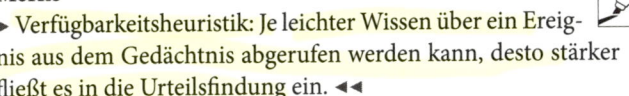

▶ Verfügbarkeitsheuristik: Je leichter Wissen über ein Ereignis aus dem Gedächtnis abgerufen werden kann, desto stärker fließt es in die Urteilsfindung ein. ◀◀

In den Medien wird über eher seltene Unglücke wie einen Flugzeugabsturz öfter berichtet als über häufigere wie Autoverkehrsunfälle. Daher ist Wissen über den Tod durch Flugzeugabstürze

verfügbarer als das Wissen über den Tod durch Autoverkehrsunfälle, was wiederum dazu führt, dass die Auftretenswahrscheinlichkeit eines Flugzeugabsturzes als höher eingeschätzt
wird als die eines Autoverkehrsunfalls.

Repräsentativitätsheuristik

Beispiel

▶ Linda ist 31 Jahre alt, unverheiratet, extravertiert und intelligent. Sie hat während ihres Studiums Seminare in Philoso-
phie belegt, interessierte sich als Studentin sehr für Rassendiskriminierung und soziale Ungerechtigkeit und nahm an
Demonstrationen gegen Atomwaffen teil. Welche Aussage halten
Sie für wahrscheinlicher?

1. Linda ist bei einer Bank angestellt.
2. Linda ist bei einer Bank angestellt und sie ist eine aktive Feministin. ◄◄

Dieses Problem wurde Probanden in einer Studie von Tversky
und Kahneman (1982) vorgelegt. Die Mehrzahl der Probanden
hielt die zweite Aussage für wahrscheinlicher als die erste Aussage. Dies kann allerdings nicht stimmen, da in der Aussage 2
(Bankangestellte *und* Feministin) eine Teilmenge der Gesamtmenge von Aussage 1 (Bankangestellte) angesprochen wird, und
eine Teilmenge niemals wahrscheinlicher sein kann als eine
Gesamtmenge. Tversky und Kahneman sehen diesen Urteilsfeh-
ler als eine Folge der Verwendung einer Repräsentativitätsheuristik an. Interesse an Rassendiskriminierung und sozialer Ungerechtigkeit entspricht eher dem Bild einer Feministin als einer
Bankangestellten. Daher ist eine feministische Bankangestellte
repräsentativer für die Beschreibung von Linda als eine Bankangestellte, von der man nicht weiß, ob sie Feministin ist.

Merke

▶ Repräsentativitätsheuristik: Je typischer etwas erscheint,
als desto wahrscheinlicher wird es angenommen. Dabei wird die
Basisrate, wie groß also die Grundwahrscheinlichkeit ist, ver-
nachlässigt. ◄◄

Ankerheuristik

Beispiel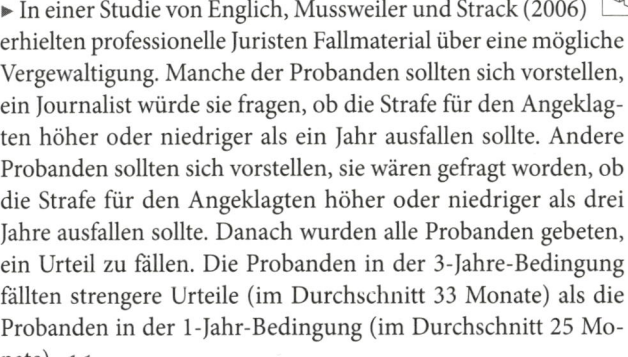
► In einer Studie von Englich, Mussweiler und Strack (2006)
erhielten professionelle Juristen Fallmaterial über eine mögliche
Vergewaltigung. Manche der Probanden sollten sich vorstellen,
ein Journalist würde sie fragen, ob die Strafe für den Angeklagten höher oder niedriger als ein Jahr ausfallen sollte. Andere
Probanden sollten sich vorstellen, sie wären gefragt worden, ob
die Strafe für den Angeklagten höher oder niedriger als drei
Jahre ausfallen sollte. Danach wurden alle Probanden gebeten,
ein Urteil zu fällen. Die Probanden in der 3-Jahre-Bedingung
fällten strengere Urteile (im Durchschnitt 33 Monate) als die
Probanden in der 1-Jahr-Bedingung (im Durchschnitt 25 Monate). ◄◄

Das Ergebnis dieser Studie ist ein Beispiel für die Wirkung der
Ankerheuristik. Die Werte „3 Jahre" und „1 Jahr" wirken im
Sinne eines Ankers, der die nachfolgende Entscheidung beeinflusst. Die Ankerheuristik kommt zustande, indem ein bestimmter Ausgangswert als Referenz für die Urteilsbildung herangezogen wird, so dass das endgültige Urteil in Richtung des
Ausgangswerts verzerrt ist (Tversky & Kahneman, 1974).

Merke
► Ankerheuristik: Die Urteilsbildung hängt von einem bestimmten Ausgangswert (Anker) ab. ◄◄

Zusammenfassung

Forschung zum Thema „Soziale Kognition" behandelt die Frage,
wie Menschen über sich und ihre soziale Umwelt nachdenken.
Dieses Denken erfolgt entweder automatisch oder kontrolliert.
Kontrolliertes Denken ist gekennzeichnet durch bewusste, ab-
sichtsvolle Prozesse, die Zeit und Energie kosten. Automatisches
Denken dagegen ist unbewusst, unabsichtlich und mühelos. Der
geringere Aufwand automatischen Denkens hat jedoch seinen

Preis. Das eigene Wissen über die soziale Welt (Schema) erleichtert die Aufnahme und Verarbeitung von Informationen, führt
aber auch dazu, dass Schemata aufrecht erhalten werden, selbst
wenn die Informationen für eine Revision des Schemas sprechen
würden, und ist für Fehleinschätzungen bei der Begegnung mit
Mitgliedern sozialer Gruppen verantwortlich. Heuristiken (Daumenregeln) in der Urteilsfindung mindern gleichfalls den zu
betreibenden kognitiven Aufwand, aber auch unter Umständen
die Urteilsgenauigkeit. Die wichtigsten Urteilsheuristiken sind
die Verfügbarkeitsheuristik, die Repräsentativitätsheuristik sowie die Ankerheuristik.

Literaturempfehlungen

Fiske, S. T. & Taylor, S. T. (1991). *Social cognition* (2. Aufl.). New York:
    McGraw-Hill.
Gigerenzer, G. & Gaissmaier, W. (2011). Heuristic decision making.
    Annual Review of Psychology, 62, 451–482.
Kunda, Z. (1999). *Social cognition: Making sense of people.* Cambridge,
    MA: The MIT Press.
Moskowitz, G. B. (2005). *Social cognition: Understanding self and others.*
    New York: Guilford Press.
Nickerson, R. S. (1998). Confirmation bias: A ubiquitous phenomenon
    in many guises. *Review of General Psychology, 2,* 175–220.

Fragen zur Selbstüberprüfung
1. Unterscheiden Sie automatisches von kontrolliertem Handeln!
2. Wie unterscheidet sich die Prüfung erwartungskongruenter Argumente von der Prüfung erwartungskonträrer Argumente?
3. Wie könnte die Erwartung, Ihr Gegner bei einem Tennis-
   spiel sei ein sehr guter Spieler und Ihnen eindeutig überlegen, zu einer sich selbst erfüllenden Prophezeiung führen?
4. Beschreiben Sie die Verfügbarkeitsheuristik, die Repräsentativitätsheuristik und die Ankerheuristik und versuchen
   sie für jede Heuristik ein Beispiel aus Ihrem Alltag zu finden.

4 Soziale Wahrnehmung

Inhalt

Soziale Wahrnehmung behandelt die Prozesse, wie Menschen zu einem Eindruck über das Verhalten und über Eigenschaften anderer Menschen gelangen. Die Eindrucksbildung wird beeinflusst von zuvor aktivierten Gedächtnisinhalten, der Reihenfolge der Informationsdarbietung, den impliziten Persönlichkeitstheorien sowie den Erwartungen des Beobachters. Die Wahrnehmung der Ursachen menschlichen Verhaltens ist Thema der Attributionstheorien.

Als soziale Wesen sind Menschen bestrebt, das Verhalten anderer Menschen zu verstehen und zu erklären. Dieser Prozess wird in der Sozialpsychologie unter dem Stichwort „Soziale Wahrnehmung" behandelt. Im ersten Teil des Kapitels gehen wir darauf ein, wie unsere Eindrucksbildung von den Eigenschaften anderer Menschen vonstattengeht. Der Eindruck, den wir von einer anderen Person gewinnen, hängt in starkem Maße von dieser Person und ihrem Verhalten und ihren Eigenschaften ab. Es soll aber deutlich werden, dass ebenso wir als Beobachter dazu beitragen, zu welchem Bild wir gelangen. Im zweiten Teil besprechen wir, wie wir bei unserer Suche nach den Ursachen des Verhaltens anderer Personen vorgehen. Wir beschreiben die wichtigsten Attributionstheorien, also die Theorien, die die Zuschreibung von Ursachen von Handlungen und Zuständen behandeln, diskutieren systematische Verzerrungen, die im Prozess der Ursachenzuschreibung auftreten und besprechen einige Konsequenzen, die aus diesen Ursachenzuschreibungen resultieren.

4.1   Eindrucksbildung

Unser Bild von den Eigenschaften anderer Menschen hängt von
vielen Faktoren ab, die uns oftmals nicht bewusst sind. So können beispielsweise zuvor aktivierte Gedächtnisinhalte unseren
Eindruck von anderen Personen beeinflussen. Dieses sogenannte *Priming* werden wir als erstes besprechen. Als zweites gehen
wir auf die Bedeutung der Reihenfolge, in der wir Informationen
über eine andere Person erhalten, ein. Selbst wenn die Informationen über zwei Personen absolut identisch sind, können wir
einen unterschiedlichen Eindruck über beide Personen erlangen,
wenn sich die Reihenfolge, in der die Informationen dargeboten
wurden, unterscheiden. Wenn wir Informationen über das Verhalten anderer Personen erhalten, spiegeln diese nur einen Teil
der Persönlichkeit wider. Wir nutzen dann die uns vorliegenden
Informationen, um die Lücken zu füllen. Die Annahme ist dabei,
dass manche Charaktereigenschaften überzufällig häufig mit
anderen Eigenschaften einhergehen, so dass unsere Kenntnis
einer Eigenschaft Schlüsse auf andere Eigenschaften einer Person
zulässt. Nach der Darstellung dieser *impliziten Persönlichkeitstheorien* widmen wir uns schließlich der menschlichen Tendenz,
eigene Erwartungen zu bestätigen. Sobald wir ein bestimmtes
Bild über eine andere Person gewonnen haben, bleiben wir oftmals bei diesem Bild, selbst wenn wir danach Informationen
über diese Person erhalten, die unserer ursprünglichen Erwartung eindeutig widersprechen.

4.1.1   Priming

Vielleicht haben Sie sich schon oft gewundert, wie ein bestimmtes Verhalten von verschiedenen Beobachtern ganz unterschiedlich wahrgenommen wird. Eine Person, die einen bedeutsamen
Betrag an eine Hilfsorganisation spendet, wird von einem Beobachter als Wohltäter wahrgenommen, ein anderer Beobachter
nimmt sie dagegen als geltungssüchtig wahr, die alles unter-
nimmt, nur um vor anderen gut dazustehen. Gleichfalls kann
eine Person, die bei einem Tischgespräch wenig sagt, als guter
Zuhörer, aber auch als desinteressiert wahrgenommen werden.

Es ist also selten so, dass ein bestimmtes Verhalten einer Person eindeutig klassifiziert werden kann. Vielmehr liegt die Wahrnehmung menschlichen Verhaltens und Eigenschaften in starkem Maße im Auge des Betrachters.

Die unterschiedlichen Wahrnehmungen liegen oftmals darin begründet, welche Gedächtnisinhalte zuvor bei den einzelnen Beobachtern *aktiviert* werden. Die Beeinflussung der Verarbeitung eines Stimulus durch vorangegangene Reize wird als Priming bezeichnet und hat in der Sozialpsychologie große Aufmerksamkeit erlangt. So hat eine Vielzahl an Studien belegt, dass menschliches Verhalten ganz unterschiedlich wahrgenommen wird, je nachdem, welche Gedächtnisinhalte zuvor aktiviert wurden.

In einer klassischen Studie von Higgins, Rholes und Jones (1977) gingen die Probanden davon aus, dass sie an einer Gedächtnisstudie teilnehmen würden, in der sie sich so viele Adjektive wie möglich einprägen sollten. Tatsächlich diente dieser Teil der Studie dazu, die Wahrnehmung der Probanden entweder in eine positive oder negative Richtung zu lenken. So bekamen manche Probanden positive Adjektive (wie mutig) vorgelegt, wogegen andere Probanden negative Adjektive (wie rücksichtslos) sich einprägen sollten. Danach, in einer angeblich unabhängigen Studie, lasen die Probanden eine Beschreibung einer Person, die gefährliche Aktivitäten ausübt. Es zeigte sich, dass die Probanden, denen negative Adjektive vorgegeben wurden, die Person negativer wahrnahmen als die Probanden, denen positive Adjektive vorgegeben wurden.

Merke

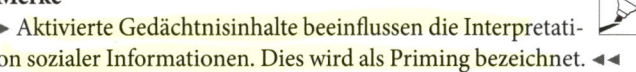

► Aktivierte Gedächtnisinhalte beeinflussen die Interpretation sozialer Informationen. Dies wird als Priming bezeichnet. ◄◄

Die Aktivierung von Gedächtnisinhalten beeinflusst jedoch nicht nur unsere Wahrnehmung anderer Personen. Sie wirkt sich auch auf unser Verhalten aus. In einer Studie (Bargh, Chen & Burrows, 1996) sollten Probanden aus vorgegebenen Wörtern Sätze bilden. Variiert wurde, welche Wörter den Probanden vorgegeben wurden, und zwar entweder Wörter zu Höflichkeit oder zu Rücksichtslosigkeit oder neutrale Wörter. Danach sollten sich die Probanden beim Versuchsleiter melden, der jedoch in ein Gespräch mit einem Konföderierten vertieft war. Gemessen wurde, wie lange es dauern würde, bis die Versuchsperson das Gespräch des Versuchsleiters unterbrechen würde. Es zeigte sich, dass die Probanden in der Höflichkeitsbedingung länger warteten als die Probanden in der neutralen Bedingung, die wiederum länger warteten als die Probanden in der Rücksichtslosigkeitsbedingung (s. **Abb. 4.1**).

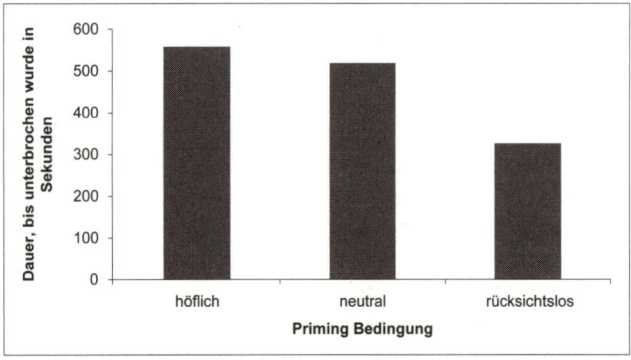

Abb. 4.1: Der Effekt des Primings auf die Dauer, bis die Probanden den Versuchsleiter unterbrechen (nach Bargh et al., 1996)

4.1.2 Reihenfolgeeffekte

Wie wir andere wahrnehmen, hängt nicht nur davon ab, welche Gedächtnisinhalte zuvor aktiviert wurden, sondern auch von der Reihenfolge, in der wir Informationen über andere Personen erhalten. So haben Informationen, die früher in einer Sequenz von Informationen auftauchen, einen stärkeren Einfluss auf die Eindrucksbildung als später auftauchende Informationen. Eindrucksvoll dokumentiert wurde dieser sogenannte *Primacy-Effekt* erstmals von Asch (1946).

 Beispiel
► Wie würden Sie die folgende Person beurteilen? Sie ist intelligent, fleißig, impulsiv, kritisch, eigensinnig und neidisch.

Diese Aufgabe wurde den Probanden in der Studie von Asch
(1946) gestellt. 56 Prozent der Probanden nahmen die Person
beispielsweise als freundlich wahr und 32 Prozent als glücklich.
Andere Probanden bekamen die gleichen Informationen über die
Person vorgelegt, nur in der entgegengesetzten Reihenfolge (neidisch, eigensinnig, kritisch, impulsiv, fleißig und intelligent). Hier
beurteilten nur 27 Prozent der Probanden die Person als freundlich und nur fünf Prozent nahmen sie als glücklich wahr. Die
Reihenfolge, in der die Informationen vorgegeben wurden, wirkte sich allerdings nicht auf alle Persönlichkeitseigenschaften aus:
z. B. wurde die Person von 82 Prozent der ersten Gruppe und von
87 Prozent der zweiten Gruppe als ernsthaft wahrgenommen. ◄◄

Die zuerst genannten Informationen haben zum einen deshalb
einen solch starken Einfluss, da sie im Allgemeinen tiefer verarbeitet werden als nachfolgende Informationen, die zum Teil nur
noch oberflächlich betrachtet werden. Zum anderen beeinflussen
die zunächst genannten Informationen die Interpretation der
später genannten Informationen. Wenn wir z. B. als erstes über
eine Person erfahren, sie wäre kritisch, und später würden wir
hören, sie wäre auch zufrieden mit sich selbst, dann würden wir
sie möglicherweise eher als arrogant einschätzen, als wenn wir
zunächst erfahren hätten, sie wäre gesellig.

Merke
► Der Primacy-Effekt besagt, dass Informationen, die früher
in einer Sequenz von Informationen auftauchen, einen stärkeren
Einfluss auf die Eindrucksbildung haben als später auftauchende Informationen. ◄◄

4.1.3 Implizite Persönlichkeitstheorien

Offensichtlich ist unsere Einschätzung menschlicher Eigenschaften abhängig von dem, was wir auch sonst über die betreffende
Person wissen. Wir alle verfügen über sogenannte implizite Persönlichkeitstheorien, wonach manche Eigenschaften überzufällig häufig mit bestimmten Eigenschaften auftreten und wiederum seltener mit anderen Eigenschaften einhergehen.

Asch (1946) hat auch untersucht, inwieweit sich manche Eigenschaften auf die Beurteilung anderer Eigenschaften auswirken.
Dabei ging er davon aus, dass bestimmte Eigenschaften, sogenannte *zentrale Eigenschaften,* einen größeren Einfluss als andere Eigenschaften, sogenannte periphere Eigenschaften, aufweisen. Eine der untersuchten zentralen Eigenschaften war die
Unterscheidung zwischen warm und kalt. Die Probanden bekamen eine Liste von Eigenschaften über eine Person zu lesen. Die
Person wurde einmal als warm und einmal als kalt beschrieben.
Die restlichen Eigenschaften (wie intelligent, vorsichtig, fleißig)
waren identisch. Daraufhin wurden die Vermutungen der Probanden bezüglich weiterer Eigenschaften der Person erfragt. Die
Wahrnehmungen der beiden Gruppen unterschieden sich sehr
deutlich voneinander. So nahmen beispielsweise 98 Prozent der
Probanden in der Warm-Bedingung die Person als emotional
wahr, wogegen dies nur zehn Prozent in der Kalt-Bedingung
vermuteten. Als periphere Eigenschaft untersuchte Asch den
Gegensatz höflich vs. ungehobelt. Hier zeigten sich fast keine
Auswirkungen auf die Wahrnehmung der sonstigen Eigenschaften der Person.

Merke

▶ Implizite Persönlichkeitstheorien stellen eine Erwartung
dar, dass bestimmte Eigenschaften einer Person mit anderen
Eigenschaften einhergehen. Auf Basis der Kenntnis der Ausprägung einer Eigenschaft schließt man auf die Ausprägung der
anderen Eigenschaften. ◀◀

Wie sich zentrale Eigenschaften auf tatsächliche Interaktionen
zwischen Menschen auswirken, wurde von Harold Kelley (1950)
untersucht. Studierende erfuhren, dass ein Gastdozent eine Se-
minardiskussion leiten würde. Manchen der Studierenden wurde gesagt, der Dozent wäre eine warmherzige Person. Andere
Studierende erwarteten eine kalte Person. Nach der Diskussion
wurde der Dozent deutlich positiver von denen wahrgenommen, die eine warmherzige Person erwartet hatten. Zudem in-
teragierten sie auch mehr mit ihm während der Gruppendiskussion.

4.1.4 Bestätigung von Erwartungen

Dem Primacy-Effekt und den impliziten Persönlichkeitstheorien ist gemein, dass die Eindrucksbildung durch eine bestimmte Erwartung geprägt wird, wie die Person wahrscheinlich sein wird. Selbst wenn man dann der Erwartung widersprechende Informationen erhält, wird die eigene Meinung kaum oder nur unzureichend geändert. Diese Tendenz, dass also neue Informationen dahingehend interpretiert werden, dass sie die eigenen Erwartungen bestätigen, wird auch als Bestätigungsfehler bezeichnet.

Der Bestätigungsfehler kann weitreichende Folgen haben. Im Schulkontext zeigt sich üblicherweise, dass Kinder von Eltern mit einem hohen *sozioökonomischen Status* bessere Schulnoten bekommen als Kinder von Eltern mit einem niedrigen sozioökonomischen Status. Möglicherweise können diese Unterschiede zum Teil durch den Einfluss der Erwartung der unterschiedlichen Leistungsfähigkeit von Kindern mit hohem und niedrigem sozioökonomischen Status erklärt werden.

In einer Studie von Darley und Gross (1983) sollten die Probanden die akademische Leistungsfähigkeit eines 9-jährigen Kindes einschätzen. Einer Gruppe von Probanden wurde gesagt, die Eltern des Kindes wären beide gebildet, wogegen eine zweite Gruppe erfuhr, die Eltern wären beide ungebildet. Tatsächlich unterschied sich die Erwartung der Leistungsfähigkeit des Kindes in Abhängigkeit von dem Bildungsgrad ihres Elternhauses: Die Leistungsfähigkeit des Kindes aus dem gebildeten Elternhaus wurde (wenngleich nur geringfügig) höher eingeschätzt als die Leistungsfähigkeit des Kindes aus dem ungebildeten Elternhaus.

Wie wird nun aber die Leistungsfähigkeit des Kindes wahrgenommen, wenn man eine tatsächliche Leistung des Kindes beobachten konnte? Darley und Gross zeigten anderen Probanden ein Video, auf der das Kind insgesamt 25 Aufgaben eines Intelligenztests bearbeitete. Obwohl alle Probanden das gleiche Video sahen, wurde das Kind der angeblich gebildeten Eltern als deutlich intelligenter eingeschätzt als das Kind der angeblich ungebildeten Eltern. Die Erwartungen wurden also nicht korrigiert. Im Gegenteil: Der Einfluss des angeblichen Bildungsgrades der Eltern auf die

Leistungsfähigkeit des Kindes zeigte sich noch deutlicher bei den
Effekten der Erwartung als bei der Erwartung selbst (s. **Abb. 4.2**).

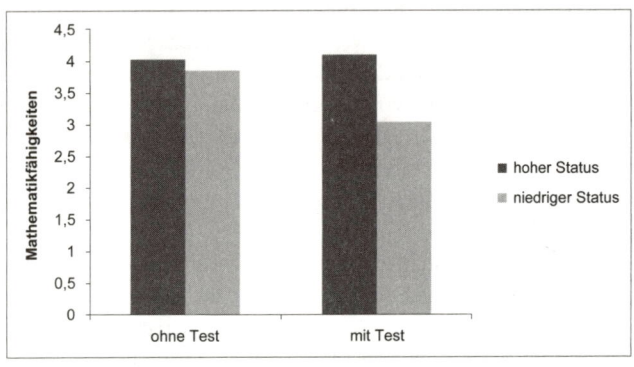

Abb. 4.2: Die Einschätzung mathematischer Fähigkeiten in Abhängigkeit vom sozioökonomischen Status sowie ob eine Leistung
des Kindes beobachtet wurde oder nicht (nach Darley &
Gross, 1983)

Darley und Gross konnten also nachweisen, dass die menschliche
Eindrucksbildung stark von den jeweiligen Erwartungen abhängt.
Jedoch kann man einwenden, dass die Informationslage, die den
Probanden vorlag, nicht eindeutig gegen ihre Erwartungen ge-
sprochen hat. Wie ist es also, wenn Menschen absolut eindeutige
Informationen erhalten, die ihrer vorläufigen Meinung wider-
sprechen? Korrigiert man dann die eigene Meinung?

 Beispiel
► Stellen Sie sich vor, Sie hätten an einem Intelligenztest
teilgenommen und Sie erfahren, dass Sie überdurchschnittlich
gut abgeschnitten haben. Sie werden sich sicherlich erst einmal
freuen. Danach wird Ihnen allerdings glaubhaft mitgeteilt, dass
die Rückmeldung per Zufall bestimmt wurde und Ihre tatsächliche Leistung gar nicht festgestellt wurde. Der Versuchsleiter
bittet Sie dann um eine Einschätzung, wie gut Sie bei dem Test
abgeschnitten haben. Da die Rückmeldung per Zufall gegeben
wurde, sollte sie Sie nicht in Ihrer Einschätzung beeinflussen.
Aber tut sie das wirklich nicht? ◄◄

In dieser Situation befanden sich Teilnehmer einer Studie von Ross, Lepper und Hubbard (1975). In zwei weiteren experimentellen Bedingungen wurde den Probanden entweder mitgeteilt, sie hätten durchschnittlich oder schlecht abgeschnitten. Variiert wurde also die Rückmeldung an die Probanden, wie gut sie bei dem Test abgeschnitten haben. Da die Rückmeldung jedoch fingiert war und dies auch den Versuchsteilnehmern mitgeteilt wurde, sollte sich die Art der Rückmeldung nicht auf die Einschätzungen der Probanden hinsichtlich ihrer Leistungen auswirken. Tatsächlich zeigten sich jedoch deutliche Unterschiede zwischen den drei Versuchsbedingungen: Die Probanden in der positiven Rückmeldungsbedingung vermuteten, dass sie mehr Aufgaben richtig gelöst hätten als die Probanden in der Durchschnittsbedingung, die wiederum glaubten, sie hätten mehr Aufgaben richtig gelöst als die Probanden in der negativen Rückmeldungsbedingung. In einem zweiten Experiment zeigten sich diese Effekte auch bei Beobachtern: Auch diese vermuteten, dass die Akteure der Erfolgsrückmeldungsbedingung mehr Aufgaben richtig gelöst hätten als die Probanden der Misserfolgsrückmeldungsbedingung, obwohl der Zufallscharakter der jeweiligen Rückmeldung glaubhaft versichert wurde.

Merke
▸ Auch bei eindeutiger widersprüchlicher Evidenz beharren Menschen auf ihren zuvor erworbenen Meinungen. ◂◂

4.2 Attributionen (Ursachenzuschreibung)

Uns reicht es zumeist nicht, ein bestimmtes Verhalten einer anderen Person zu charakterisieren. Wir wollen auch wissen, warum sich die Person so und nicht anders verhalten hat.

Beispiel
▸ Sie haben sich mit ihrer Freundin verabredet, ins Kino zu gehen. Sie erscheinen rechtzeitig zum verabredeten Zeitpunkt, doch ihre Freundin kommt mit einer halben Stunde Verspätung, so dass der Film schon angefangen hat. ◂◂

Höchstwahrscheinlich überlegen Sie sich, warum Ihre Freundin zu spät gekommen ist. Ist sie jemand, der sich meistens verspätet, oder ist dies ganz ungewöhnlich für Ihre Freundin? Liegt die Verspätung also in der Person Ihrer Freundin oder in besonderen Umständen begründet?

Attributionstheorien beschäftigen sich mit dieser Art von Fragen und geben unter anderem Antworten darauf, wann ein Verhalten einer Person auf die Persönlichkeit der Person zurückgeführt wird und wann man das Verhalten in situativen Umständen begründet sieht. Bei unserer Suche nach den Ursachen menschlichen Verhaltens gehen wir jedoch nicht immer so systematisch vor, wie von Attributionstheoretikern postuliert wird. Oftmals haben wir kaum Zeit, sind wenig motiviert oder haben nicht die kognitiven Ressourcen, eine gründliche Analyse der Ursachen des Verhaltens anderer durchzuführen. Dies führt zu bestimmten Verzerrungen in unserer Wahrnehmung der Ursachen menschlichen Verhaltens. Attributionstheorien beschäftigen sich also damit, wie wir zu unseren Urteilen über die Ursachen menschlichen Verhaltens kommen. Diese unterschiedlichen Urteile können bedeutsame Auswirkungen haben. Falls Sie beispielsweise denken, die Verspätung liegt in der Person Ihrer Freundin begründet, werden Sie sich wahrscheinlich ihr gegenüber verärgerter verhalten, als wenn Sie zu dem Schluss kommen, außergewöhnliche Umstände haben zu der Verspätung geführt. Die Auswirkungen unserer Ursachenzuschreibung sind der Gegenstand der sogenannten *attributionalen Theorien*.

4.2.1   Attributionstheorien

Attributionstheoretiker sehen Personen als naive Wissenschaftler, deren Ziel es ist, die Ursachen menschlichen Verhaltens zu ergründen und zu verstehen. Attributionstheoretikern geht es nicht darum, die tatsächlichen Ursachen zu ergründen, warum eine Person ein bestimmtes Verhalten gezeigt hat. Stattdessen interessieren sie sich dafür, wie menschliches Verhalten von anderen Personen erklärt wird. Insbesondere in negativen und erwartungskonträren Situationen tritt eine intensive Suche nach den Gründen menschlichen Verhaltens auf (Wong & Weiner, 1981).

Beispiel

▶ Politiker scheinen auch dann an ihren Ämtern zu kleben, wenn sie in massive Skandale verwickelt sind. Silvio Berlusconi ist dafür das beste Beispiel. Unter anderem angeklagt wegen Amtsmissbrauchs und Umgangs mit minderjährigen Prostituierten, blieb er dennoch lange Jahre Ministerpräsident Italiens. Ganz anders der Fall des damaligen deutschen Bundespräsidenten Horst Köhler. Köhler erklärte im Jahr 2010 seinen Rücktritt, nachdem er wegen seiner Äußerungen zum Afghanistan-Einsatz der Bundeswehr kritisiert worden war. Vor ihm war noch nie ein Bundespräsident von seinem Amt zurückgetreten, und der Anlass ist im Vergleich zu anderen politischen Affären sicherlich als gering einzuschätzen. Entsprechend folgte dem Rücktritt eine aufgeregte Diskussion, ob möglicherweise andere Gründe für den Rücktritt vorliegen. ◀◀

Fritz Heider (1958) gilt als Begründer der modernen Attributionstheorien. Nach ihm werden die Gründe menschlichen Verhaltens vor allem in der Person des Akteurs sowie in situativen Umständen gesehen. Wenn menschliches Verhalten auf den Akteur zurückgeführt wird, spricht man von einer *internalen Attribution*, wenn es auf situative Umstände zurückgeführt wird, spricht man von einer *externalen Attribution*.

Verschiedene Theorien haben sich damit beschäftigt, wann Menschen bevorzugt internale und wann sie bevorzugt externale Attributionen vornehmen. Die bekannteste diesbezügliche Theorie stammt von Harold Kelley. Nach Kelley (1973) wird die Erklärung menschlichen Verhaltens durch drei Dimensionen beeinflusst:

1. Konsensus
2. Distinktheit
3. Konsistenz

Konsensus bezieht sich darauf, ob wenige (niedriger Konsensus) oder viele Personen (hoher Konsensus) ein bestimmtes Verhalten zeigen. *Distinktheit* unterscheidet, ob eine Person das Verhalten in unterschiedlichen Situationen (niedrige Distinktheit) oder nur in einer bestimmten Situation zeigt (hohe Distinktheit). *Konsistenz* besagt, ob das Verhalten nur einmal in der bestimmten Situation auftrat (niedrige Konsistenz) oder wiederholt in dieser Situation gezeigt wurde (hohe Konsistenz). Nach Kelley wird man mit hoher Wahrscheinlichkeit eine internale Attribution vornehmen, wenn Konsensus und Distinktheit niedrig sind und Konsistenz hoch ist. Dagegen nimmt man eine externale Attribution vor, wenn Konsensus und Distinktheit hoch sind und Konsistenz ebenfalls hoch ist. Falls dagegen Konsistenz niedrig ist, wird man das Verhalten auf unbeständige Umstände zurückführen.

Beispiel

▶ Sie haben demnächst eine mündliche Prüfung in Sozialpsychologie. Ihre beste Freundin hatte bereits beim gleichen Prüfer ihre Prüfung und fiel durch. Was führte zu dem schlechten Prüfungsergebnis? Lag es an Ihrer Freundin oder an dem Prüfer? Sie erfahren, dass nur Ihre Freundin durch die Prüfung gefallen ist, alle anderen Mitstudierenden dagegen eine gute Note bekommen hatten. Konsensus ist also niedrig. Ihre Freundin ist nicht nur durch die Sozialpsychologieprüfung gefallen, sondern auch noch durch die meisten anderen Fächer. Distinktheit ist also niedrig. Zudem ist sie nicht zum ersten Mal durch die Sozialpsychologieprüfung gefallen, sondern war schon zuvor durch die Prüfung gefallen. Konsistenz ist demnach hoch. Diese Informationen beruhigen Sie dahingehend, dass das schlechte Prüfungsergebnis wohl vor allem an Ihrer Freundin liegt, die zu wenig Aufwand für ihr Studium betreibt.

Wie wäre es aber, wenn nicht nur Ihre Freundin, sondern alle anderen Mitstudierenden ebenfalls durch die Prüfung gefallen wären (hoher Konsensus); Ihre Freundin nur durch die Sozialpsychologieprüfung gefallen wäre, in den anderen Fächern dagegen gute Noten erzielt hätte (hohe Distinktheit) und Ihre Freundin wiederholt durch die Sozialpsychologieprüfung gefallen wäre (hohe Konsistenz)? In diesem Fall würden Sie mit Schrecken feststellen, dass das schlechte Prüfungsergebnis Ihrer

Freundin vor allem durch die Person des Prüfers begründet ist, der ein außergewöhnlich strenger Prüfer zu sein scheint. ◄◄

4.2.2 Attributionsverzerrungen

In manchen Situationen werden die Ursachen menschlichen Verhaltens so detailliert analysiert, wie das Modell von Kelley nahelegt. Die Studierende, die die Ursachen des schlechten Prüfungsergebnisses ihrer Freundin ergründen möchte, ist sicherlich sehr daran interessiert, die wahren Ursachen herauszufinden. In anderen Situationen dagegen, in denen wir wenig Zeit haben, die Ursachen des Verhaltens uns wenig interessieren und wir über andere Dinge nachdenken, werden wir weniger analytisch auf Konsensus-, Distinktheit- und Konsistenzinformationen zurückgreifen (Gilbert & Malone, 1995). In diesen Fällen weisen unsere Wahrnehmungen der Ursachen menschlichen Verhaltens oftmals systematische Verzerrungen auf.

Fundamentaler Attributionsfehler

Beispiel
► Die barbadische R&B-Sängerin Rihanna war von 2007 bis 2009 mit dem Sänger Chris Brown liiert. Die Beziehung endete, nachdem Brown Rihanna tätlich angegriffen hatte. Die Bilder von Rihannas blauem Auge, blutiger Nase und aufgeplatzter Lippe gingen um die Welt. ◄◄

Nur das Opfer und der Täter kennen den genauen Tathergang sowie die Umstände, die zu der tätlichen Auseinandersetzung geführt haben. Nichtsdestotrotz wurde vielfach spekuliert, warum Chris Brown seine damalige Freundin geschlagen hat. Liegt es an ihm und seiner Persönlichkeit, oder waren es besondere Umstände, die sein aggressives Verhalten ausgelöst haben? Bereits Heider wies darauf hin, dass die meisten Personen sich menschliches Verhalten fast ausschließlich durch die speziellen Eigenschaften einer Person erklären und dabei situative Einflüsse vernachlässigen.

Chris Browns Verhalten wird also vor allem dadurch erklärt, dass er ein aggressiver Charakter ist, der typischerweise in Konflikten handgreiflich wird. Diese Tendenz, dass menschliches Verhalten vor allem auf vermutete Eigenschaften des Akteurs zurückgeführt wird, ist so stark verbreitet, dass man von einem fundamentalen Attributionsfehler spricht (Ross, 1977). Im Kapitel 6.3 „Der Einfluss von Rollen" werden wir ein weiteres aktuelles Beispiel des fundamentalen Attributionsfehlers kennenlernen.

Definition

▸ Der fundamentale Attributionsfehler besagt, dass Personen menschliches Verhalten vor allem internal erklären, also auf die Person des Akteurs zurückführen. ◂◂

Experimentell wurde der fundamentale Attributionsfehler in einer klassischen Studie von Jones und Harris (1967) nachgewiesen. Die Probanden in dieser Studie bekamen ein Essay über Fidel Castro zu lesen, welches angeblich von einer weiteren Versuchsperson verfasst wurde. Dieses Essay war entweder pro- oder anti-Castro. Eine Gruppe von Probanden erfuhr, dass der Autor selbst wählen durfte, ob er ein pro- oder anti-Castro Essay verfassen möchte, wogegen einer anderen Gruppe mitgeteilt wurde, dass die Position des Essays dem Autor vom Versuchsleiter zugewiesen wurde. Die Probanden wurden daraufhin gefragt, wie sie die Meinung des Autors bezüglich Fidel Castro einschätzen würden. Nicht überraschend zeigte sich Folgendes: Wenn der Autor selbst die Position des Essays bestimmen durfte und die Probanden ein positives Essay zu lesen bekamen, nahmen sie eine positivere Einstellung des Autors gegenüber Fidel Castro an, als wenn sie ein negatives Essay zu lesen bekamen. Diese Tendenz zeigte sich jedoch auch dann, wenn dem Autor die Position des Essays zugeteilt wurde: Auch dann vermuteten die Probanden eine deutlich positivere Einstellung des Autors, wenn sie ein positives gegenüber einem negativen Essay zu lesen bekamen (s. **Abb. 4.3**). Obwohl also das Verhalten des Autors durch die Anweisung des Versuchsleiters situativ bedingt ist, greifen die Probanden auf Eigenschaften des Akteurs (seine vermeintliche Einstellung) zurück, um sich das Verhalten zu erklären.

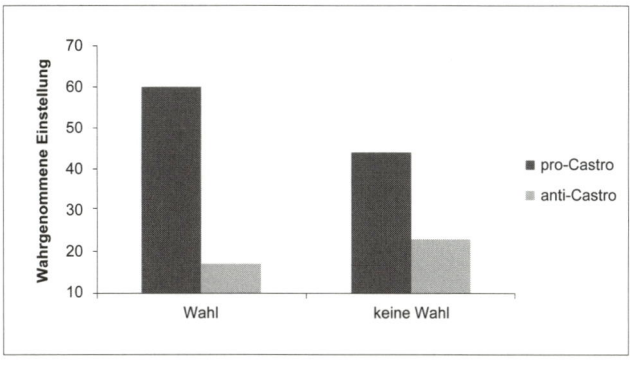

Abb. 4.3: Wahrgenommene Einstellung des Autors des Essays in Abhängigkeit von der Richtung des Essays (pro-Castro vs. anti-Castro) und der Wahlmöglichkeit (gegeben vs. nicht gegeben). Die Skala ging von 10 bis 70. Höhere Werte bedeuten eine positivere Einstellung (nach Jones & Harris, 1967)

Akteur-Beobachter-Effekt

Beobachter führen also nach dem fundamentalen Attributionsfehler menschliches Verhalten vor allem auf Eigenschaften des Akteurs zurück. Diese Tendenz zeigt sich in den meisten Fällen jedoch nicht, wenn man die Akteure selbst fragt. Diese betonen oftmals situative Einflüsse, die ihr eigenes Verhalten erklären.

Definition

▶ Der Akteur-Beobachter-Effekt besagt, dass Akteure ihr eigenes Verhalten vor allem durch situative Einflüsse erklären, Beobachter dagegen personale Faktoren stärker heranziehen. ◀◀

Den Akteur-Beobachter-Effekt kann man dadurch erklären, dass Akteure über mehr Informationen verfügen als Beobachter, wie ihr Verhalten zustandekam. Insbesondere haben Akteure mehr Informationen bezüglich Konsistenz (wird das Verhalten wiederholt gezeigt) und Distinktheit (wird das Verhalten nur in einer bestimmten Situation, nicht aber in anderen Situationen gezeigt).

Kommen wir zurück auf Chris Brown und Rihanna: Wie erklärt
sich Chris Brown, dass er Rihanna verprügelt hat? Entsprechend
des Akteur-Beobachter-Effekts betont er als Akteur vor allem
situative Einflüsse. Ohne ins Detail zu gehen, sagte er einer Zei-
tung, dass zu jeder Situation, in der es zu einer Prügelei von zwei
Menschen kommt, immer zwei gehören und dass er als Mann
sich verteidigen musste.

Selbstwertdienliche Attributionen

Wie Chris Brown sein Verhalten erklärt, entspricht nicht nur
dem Akteur-Beobachter-Effekt, sondern kann auch als selbstwertdienliche Attribution aufgefasst werden. Eine andere Person zu verprügeln, ist eine Handlung, die von fast allen Menschen negativ beurteilt wird. Daher ist es angenehmer für einen
selbst und für die Darstellung gegenüber anderen, wenn das
Verhalten weniger auf die Person des Akteurs, sondern mehr
auf situative Umstände zurückgeführt wird. Und tatsächlich
neigen Personen ganz allgemein dazu, eigene negative Handlungen oder auch Misserfolge bevorzugt auf die Situation zurückzuführen und eine geringe eigene Verantwortlichkeit wahr-
zunehmen. Ganz anders sieht es bei positiven Handlungen aus:
Eigene Erfolge werden vor allem auf die eigene Person zurückgeführt. Und bei alldem sind sich Personen nicht bewusst, dass
sie ihre eigenen positiven wie negativen Handlungen selbst-
wertdienlich erklären: Sie sind wirklich davon überzeugt, dass
sie für Erfolge verantwortlich sind, wogegen andere Umstände
Misserfolge zu verantworten haben (Pronin, Gilovich & Ross,
2004).

4.2.3   Attributionale Theorien

Bis hierher haben wir uns mit dem Entstehen von Attributionen befasst, wie also Personen menschliches Verhalten erklären. Attributionale Theorien dagegen beschäftigen sich mit
den Konsequenzen von Attributionen. Die attributionale Theorie nach Bernard Weiner (1986) beispielsweise besagt, dass
Attributionen nach drei Dimensionen klassifiziert werden
können:

- Lokation/Lokus: Ist das Verhalten auf die Person (internal) oder auf die Situation (external) zurückzuführen?
- Stabilität: Ist die Ursache des Verhaltens stabil oder instabil?
- Kontrolle: Inwieweit kann die Person die Folgen ihres Verhaltens beeinflussen?

Die Ausprägungen dieser drei Dimensionen haben weitreichende Auswirkungen auf intra- und interpersonelle Prozesse. Betrachten wir die Attribution von Erfolg/Misserfolg.

Beispiel
▶ Martina hat in der Sozialpsychologieklausur eine Eins bekommen. Sie führt dieses Ergebnis auf ihre hohe Fähigkeit zurück. Nach Weiner (1986) nimmt sie eine internale, stabile, kontrollierbare Attribution vor. Philipp dagegen ist durch die Prüfung gefallen. Er glaubt, dass er einfach Pech hatte. Dies wäre eine externale, instabile, unkontrollierbare Attribution. ◀◀

Die Dimension *Lokation/Lokus* wirkt sich nach Weiner insbesondere auf den Selbstwert einer Person aus. Die internale Attribution einer erfolgreich abgelegten Prüfung erhöht den Selbstwert, die eines Misserfolgs mindert ihn dagegen. Die Dimension *Stabilität* hat vor allem Folgen im Hinblick auf die Erwartung zukünftiger Ereignisse. Ein Misserfolg, der auf stabile Ursachen zurückgeführt wird, führt zu der Erwartung, dass man auch in der Zukunft scheitern wird. Wenn der Misserfolg dagegen instabil begründet wird, besteht die Hoffnung, in der Zukunft erfolgreicher abzuschneiden. Die *Kontrollierbarkeitsdimension* schließlich wirkt sich auf Emotionen wie Stolz und Scham aus. Wenn sich jemand für den eigenen Erfolg verantwortlich fühlt, dann resultiert dies in Stolz, wogegen ein schlechtes Prüfungsergebnis Schamempfindungen auslöst.

Auch interpersonelle Prozesse werden durch Kausalattributionen beeinflusst. Der Prüfer, der Misserfolg auf für den Prüfling unkontrollierbare Ursachen zurückführt, wird mit mehr Verständnis reagieren als ein Prüfer, der den Prüfling als für die schlechte Leistung verantwortlich wahrnimmt.

Zusammenfassung

Soziale Wahrnehmung behandelt die Prozesse, wie Menschen
das Verhalten und die Eigenschaften anderer Menschen beurteilen. Informationen über eine Person werden entsprechend
zuvor aktivierter Gedächtnisinhalte interpretiert und wirken
sich so auf die Eindrucksbildung aus. Die Reihenfolge der Informationsdarbietung spielt ebenso eine Rolle, und zwar haben
Informationen, die früher in einer Sequenz von Informationen
auftauchen, einen stärkeren Einfluss auf die Eindrucksbildung
als später auftauchende Informationen. Manche Informationen,
sogenannte zentrale Eigenschaften, haben einen stärkeren Einfluss auf die Eindrucksbildung als andere, sogenannte periphere
Eigenschaften. Mittels impliziter Persönlichkeitstheorien wirkt
sich die Kenntnis zentraler Eigenschaften anderer Personen auf
die Zuschreibung von Eigenschaften aus, die keinen direkten
Bezug zu der zentralen Eigenschaft haben. Die Erwartung über
das Verhalten oder die Eigenschaft einer anderen Person steuert
die Interpretation von Informationen über diese Person. Attributionstheorien beschäftigen sich mit der Ursachenzuschreibung
menschlichen Verhaltens. Menschliches Verhalten wird vor allem entweder auf die Person oder auf die Situation zurückgeführt. Konsensus-, Distinktheit- und Konsistenzinformationen
beeinflussen, ob eine Attribution auf die Person oder Situation
vorgenommen wird. Im Allgemeinen führen Beobachter das
Verhalten einer Person auf Merkmale dieser Person zurück, was
als fundamentaler Attributionsfehler bezeichnet wird. Akteure
dagegen attribuieren ihr Verhalten eher auf situative Umstände
und neigen zu selbstwertdienlichen Attributionen: Erfolge werden auf die eigene Person, Misserfolge auf die Situation zurückgeführt. Attributionale Theorien behandeln die Auswirkungen
der Ursachenzuschreibung.

Literaturempfehlungen

Bargh, J. A. (2006). What have we been priming all these years? On the
    development, mechanisms, and ecology of nonconscious social be-
    havior. *European Journal of Social Psychology, 36,* 147–168.
Hewstone, M. (1989). *Causal attribution: From cognitive processes to
    collective beliefs.* Oxford: Basil Blackwell.

Heider, F. (1958). *The psychology of interpersonal relations.* New York: Wiley.

Kelley, H. (1973). Process of causal attribution. *American Psychologist, 28,* 107–128.

Weiner, B. (1986). *An attributional theory of motivation and emotion.* New York: Springer.

Weiner, B. (2006). *Social motivation, justice, and the moral emotions.* Mahwah, NJ: Erlbaum.

Fragen zur Selbstüberprüfung

1. Wie wirkt sich die Aktivierung von Gedächtnisinhalten auf die menschliche Eindrucksbildung aus?
2. Definieren Sie den Primacy-Effekt.
3. Was sind implizite Persönlichkeitstheorien?
4. Wie steuert die Erwartung über das Verhalten oder die Eigenschaft einer anderen Person die Interpretation von Informationen über diese Person?
5. Unterscheiden Sie Konsensus-, Distinktheit- und Konsistenzinformationen.
6. Welches sind die bedeutsamsten Attributionsfehler?
7. Nach welchen drei Dimensionen können Attributionen nach Weiner klassifiziert werden?

5   Einstellungen

Inhalt

Einstellungen sind positive, negative oder gemischte Bewertungen von Personen, Objekten oder Sachverhalten. Explizite Einstellungen werden auf einer bewussten Ebene gemessen; implizite Einstellungen misst man auf einer unbewussten Ebene. Einstellungen werden gelernt, sind aber auch genetisch determiniert. Unter Umständen sind Einstellungen ein guter Prädiktor für Verhalten. Gezeigtes Verhalten wirkt sich aber ebenso auf Einstellungen aus. Einstellungsänderungen hängen von Eigenschaften der Quelle, des Arguments und des Empfängers ab.

Beispiel

▸ Marlenes Hobby ist das Bergwandern; sie hasst Hausarbeit; und sie isst zwar gerne Putenfleisch, doch sie hat Bedenken wegen der Tierhaltung. Marlene hat also eine positive Einstellung dem Bergwandern gegenüber, eine negative Einstellung Hausarbeit gegenüber und eine gemischte Einstellung dem Essen von Putenfleisch gegenüber. ◂◂

Einstellungen sind ein zentrales Konzept in der Sozialpsychologie. In verschiedenen Kapiteln dieses Buchs kommen wir auf Einstellungen zu sprechen. Der Selbstwert ist die Einstellung gegenüber der eigenen Person; interpersonelle Attraktion ist eine positive Einstellung gegenüber einer anderen Person; Vorurteile sind negative Einstellungen gegenüber Personengruppen. Besondere Beachtung findet das Einstellungskonzept aufgrund seiner vermuteten *Vorhersagekraft menschlichen Verhaltens*. Sozialpsychologen wollen ergründen, warum Personen sich in einer bestimmten Art und Weise verhalten. Sie gingen über lange Zeit davon aus, dass man das Verhalten einer Person am besten vorhersagen kann, wenn man ihre Einstellung gegenüber dem Verhaltensobjekt kennt. Diese Annahme, dass es also einen engen Zusammenhang zwischen Einstellungen und Verhalten gibt, prüfen wir im zweiten Teil des Kapitels. Zuvor besprechen wir, wie Einstellungen definiert werden, wie man sie erfassen kann, und erörtern gängige Erklärungen, warum eine Person eine positive, eine negative oder eine gemischte Einstellung gegenüber einem Objekt entwickelt hat. Abschließend gehen wir darauf ein, wie man Einstellungen verändern kann.

5.1 Einstellungen: Definition, Messung und Entstehung

5.1.1 Definition

Was halten Sie von Ihren Mitstudierenden, gehen Sie gerne in die Sozialpsychologievorlesung, wie stehen Sie zu der Einführung von Studiengebühren? Die Beantwortung all dieser Fragen zielt darauf ab, Ihre Reaktion gegenüber bestimmten Personen, Objekten und Konzepten kennenzulernen. Diese Reaktionen werden als Einstellungen bezeichnet.

Definition
► Einstellungen sind positive, negative oder gemischte Reaktionen bezüglich einer Person, eines Objekts oder eines Sachverhalts. ◄◄

5.1.2 Messung

Wie wir es schon bei der Erfassung des Selbstwerts einer Person besprochen haben, unterscheidet man bewusst zugängliche Einstellungen (*explizite Einstellungen*) von Einstellungen, die eine Person auf einer unbewussten Ebene zeigt (*implizite Einstellungen*). Diese sind der Person zwar nicht zugänglich, sind aber dennoch handlungsleitend. Explizite Einstellungen können über Fragebögen erfasst werden. Diese werden zumeist auf sogenannten Likert-Skalen erhoben. Dabei wird der Grad der Zustimmung zu einem Einstellungsobjekt gemessen.

Beispiel
► Wie sehr stimmen Sie folgenden Aussagen zu?
„Ich finde Facebook gut."
❏ stimmt gar nicht   ❏ stimmt eher nicht
❏ stimmt eher   ❏ stimmt völlig

„Ich bin gegen die Einführung von Studiengebühren."
❏ stimmt gar nicht   ❏ stimmt eher nicht
❏stimmt eher   ❏ stimmt völlig ◄◄

Problematisch ist die Anwendung expliziter Einstellungen bei Einstellungsobjekten, die ein hohes Maß an sozialer Erwünschtheit aufweisen. Bei bestimmten Themen neigen Personen dazu, Antworten zu geben, von denen sie glauben, z. B. der Versuchsleiter würde diese gern hören. Nur sehr wenige Personen würden beispielsweise offen angeben, dass sie Immigranten für weniger intelligent halten oder dass die eigene Gruppe bevorzugt behandelt werden sollte. Die eigenen Einstellungen werden also bewusst verfälscht dargestellt.

Wie oben bereits erwähnt, sind manche Einstellungen zudem der eigenen Person nicht bewusst zugänglich und können demnach nicht über das Erfassen des Grads der Zustimmung zu einem Einstellungsobjekt erfasst werden. Aus diesen Gründen wurden Verfahren entwickelt, die die impliziten Einstellungen einer Person messen. Das bekannteste Verfahren ist der *implizite Assoziationstest* (Greenwald, McGhee & Schwartz, 1998). Dieser Test erfasst die Reaktionszeiten, wie schnell eine Person auf Paare von Objekten reagiert. Die Probanden sitzen am Computer und es werden ihnen Paare von Objekten und Adjektiven dargeboten. So kann man beispielsweise die assoziative Verbindung zwischen Immigranten und positiven und negativen Eigenschaften untersuchen. Je schneller die Versuchspersonen auf die Kopplung zwischen Immigranten und positiven Eigenschaften bzw. desto langsamer sie auf die Kopplung zwischen Immigranten und negativen Eigenschaften reagieren, desto positiver wird die implizite Einstellung gegenüber Immigranten interpretiert.

Zwar ist die Verwendung und Interpretation des impliziten Assoziationstests nicht unumstritten, dennoch führte er zu einigen interessanten Ergebnissen. So wird die assoziative Verbindung zwischen Männern und Karriere im Allgemeinen positiver eingeschätzt als die Verbindung zwischen Frauen und Karriere, wohingegen die Verbindung zwischen Frauen und Familie positiver eingeschätzt wird als die Verbindung zwischen Männern und Familie. Die wohl stärkste Aufmerksamkeit in den USA erlangte der recht konsistente Befund, dass Weiße im impliziten Assoziationstest positiver wahrgenommen werden als Schwarze. Diese Tendenz zeigt sich dagegen heute nicht mehr bei der Verwendung expliziter Einstellungsmaße: Hier werden Weiße und Schwarze gleichermaßen positiv beurteilt. Ganz allgemein entsprechen die expliziten nicht immer den impliziten Einstellungen einer Person: Beide Maße sind nur moderat positiv miteinander korreliert (Greenwald, Poehlman, Uhlmann & Banaji, 2009). Eine Person kann also auf einer bewussten Ebene wahrnehmen und berichten, dass sie genauso positiv einer Fremdgruppe wie gegenüber der eigenen Gruppe eingestellt ist. Implizit dagegen bevorzugt sie doch die eigene Gruppe.

5.1.3 Entstehung

Was wir gegenüber bestimmten Einstellungsobjekten empfinden, ist oftmals eine Folge von Lernprozessen. Einem neuen Objekt gegenüber stehen wir zu Beginn zumeist neutral gegenüber. Wir nutzen dann die Reaktionen anderer, um selbst eine bestimmte Meinung zu entwickeln. Wenn wir beispielsweise miterleben, dass ein enger Freund immer sein Gesicht mit Ekelempfinden verzieht, sobald er ein bestimmtes Lied im Radio hört, dann empfinden wir mit der Zeit ebenfalls negative Gefühle diesem Lied gegenüber. Die wiederholte Kopplung eines zu Beginn neutralen Reizes mit einem Reiz, der ohne vorangegangenes Lernen eine Reaktion auslöst, löst die gleiche Reaktion aus. Dieser Lernprozess wird als *klassisches Konditionieren* bezeichnet und kann unterschieden werden vom operanten Konditionieren. *Operantes Konditionieren* besagt, dass das Auftreten einer Reaktion in Zukunft wahrscheinlicher ist durch nachfolgende angenehme Konsequenzen, wohingegen die Auftretenswahrscheinlichkeit reduziert wird durch nachfolgende unangenehme Konsequenzen.

Beispiel

▶ Maximilian mag an sich gerne Cappuccino trinken. Einmal jedoch, nachdem er einen Cappuccino getrunken hatte, wurde ihm schlecht, und er musste sich übergeben. Seitdem schmeckt ihm Cappuccino nicht mehr, und bereits der Geruch von Cappuccino bereitet ihm ein gewisses Unwohlsein. ◀◀

Schließlich unterliegen Einstellungen wie andere Persönlichkeitseigenschaften starken *genetischen Einflüssen*. So ähneln sich eineiige Zwillinge stärker in ihren Einstellungen als zweieiige Zwillinge. Diese Tendenz zeigte sich sogar dann, wenn die Zwillinge nach ihrer Geburt getrennt wurden und in unterschiedlichen Familien aufgewachsen sind.

5.2   Einstellung und Verhalten

Das Ziel der Psychologie ist die Erforschung menschlichen Erlebens und Verhaltens. Dabei erfreut sich das Thema Einstellungen eines besonderen Forschungsinteresses aus der Annahme heraus, Einstellungen seien einer der besten Prädiktoren menschlichen Verhaltens. Nicht umsonst beobachten politische Parteien ganz genau Umfragen zu Wahlen und versuchen, Stimmungen in der Bevölkerung vor den Wahlen zu beeinflussen. Unternehmen geben viel Geld aus für Werbekampagnen, um Einstellungen von Personen zugunsten ihrer Produkte zu verändern. Aber verhalten sich Menschen tatsächlich entsprechend ihrer Einstellungen?

5.2.1   Einfluss von Einstellungen auf Verhalten

Beispiel

▶ In den 1930er Jahren fuhr Richard LaPiere, ein amerikanischer Psychologieprofessor, zwei Jahre lang mit einem jungen chinesischen Paar quer durch die USA. Da in der damaligen Zeit eine sehr negative Einstellung gegenüber Asiaten herrschte, war LaPiere besorgt, dass seine Freunde in Restaurants und Hotels nicht bedient bzw. beherbergt werden würden. Jedoch wurden sie in 251 Fällen nur einmal abgewiesen. Ein paar Monate später schickte LaPiere einen Brief an alle Restaurants und Hotels und fragte, ob sie chinesische Gäste bedienen bzw. beherbergen würden. Nur ein einziger bejahte dies und mehr als 90 Prozent sagten, dass sie dies definitiv nicht tun würden. Offensichtlich standen Einstellung und Verhalten der Mitarbeiter in den Restaurants und Hotels nicht im Einklang miteinander. ◄◄

Und nicht nur diese, auch viele andere Studien legen nahe, dass Einstellungen und Verhalten kaum miteinander korrespondieren. Eine Metaanalyse von Wicker (1969) ergab, dass Einstellungen und Verhalten nur mit $r = .15$ zusammenhängen. Wenn man also die Einstellung einer Person gegenüber einem Objekt kennt, weiß man wenig darüber, wie sie sich dem Objekt gegenüber verhalten wird.

Sind Einstellungen aber tatsächlich relativ unbrauchbar bei der Vorhersage von Verhalten? Nach den ernüchternden Befunden dieser frühen Studien gingen die Forscher weg von der Messung, inwieweit Einstellungen Verhalten vorhersagen, und widmeten sich der Frage, unter welchen Umständen Einstellungen Verhaltensvorhersagen ermöglichen und unter welchen Umständen sie nicht korrespondieren. Besonders bedeutsam ist dabei, wie ähnlich Einstellungen und Verhalten erfasst werden. In der Studie von LaPiere beispielsweise wurde als Einstellung gemessen, ob man chinesische Bürger bedienen würde. Das Einstellungsmaß ist also sehr allgemein gehalten. Als Verhalten wurde dagegen konkret erfasst, ob ein hochgebildetes, gut angezogenes chinesisches Paar bedient wird, das von einem amerikanischen Professor begleitet wird. Zudem war in der Studie von LaPiere unklar, ob Einstellungen und Verhalten von den gleichen Personen gemessen wurden. Möglicherweise hat zunächst eine Person LaPiere und seine chinesischen Freunde bedient. Den Brief hat dann dagegen jemand anderes beantwortet.

Nach Ajzen und Fishbein (1977) sind vier Dimensionen besonders bedeutsam, hinsichtlich derer eine Korrespondenz von Einstellung und Verhalten gegeben sein muss, so dass Einstellungen auch tatsächlich Verhalten vorhersagen können.

1. Art des Verhaltens
2. Verhaltensobjekt
3. Verhaltenskontext
4. Zeitpunkt

Nehmen wir an, wir sind daran interessiert, inwieweit Einstellungen und Verhalten bei einem Handykauf übereinstimmen. Die Art des Verhaltens ist also der Kauf eines Handys. Bezüglich des Verhaltensobjekts sollte man konkret die Einstellung gegenüber bestimmten Marken erfassen. Verhaltenskontext bezieht sich beispielsweise darauf, ob man das Handy per Raten bezahlen darf oder ob sofort die gesamte Kaufsumme fällig ist. Schließlich sollten Einstellung und Verhalten im Hinblick auf den Zeitpunkt des Handykaufs übereinstimmen.

Wenn Einstellungen und Verhalten einen vergleichbaren Spezifizierungsgrad aufweisen, dann sind in der Tat deutlich höhere Korrelationen zwischen beiden zu finden. Davidson und Jaccard (1979) konnten dies sehr anschaulich illustrieren. In ihrer Studie wurden verheiratete Frauen bezüglich ihrer Einstellung zur Empfängnisverhütung befragt. Die Fragen reichten von einem generellen (Einstellung gegenüber Verhütung allgemein) bis zu einem spezifischen Grad (Einstellung gegenüber dem Verwenden der Antibaby-Pille als Verhütung in den nächsten zwei Jahren). Zwei Jahre später wurde erfasst, ob die Frauen die Antibaby-Pille genommen hatten. Je spezifischer die Einstellung erfasst wurde, desto besser konnte das Verhalten vorhergesagt werden. Die globale Einstellung gegenüber Verhütung allgemein korrelierte kaum mit dem Verwenden der Antibaby-Pille in den letzten zwei Jahren. Das konkrete Einstellungsmaß, ob man die Pille in den nächsten zwei Jahren verwenden möchte, korrelierte dagegen deutlich mit dem entsprechenden Verhalten. Die Frauen, die also eine positive Einstellung gegenüber der Verwendung der Antibaby-Pille in den nächsten zwei Jahren hatten, verwendeten tatsächlich viel häufiger die Antibaby-Pille. In **Tabelle 5.1** sind alle Ergebnisse aufgeführt.

Neuere Studien, bei denen stärker auf den *Spezifizierungsgrad* von Einstellung und Verhalten geachtet wurde, ergaben deutlich höhere Zusammenhänge zwischen Einstellung und Verhalten.

So ermittelte Kraus (1995) einen mittleren Korrelationskoeffizienten von r = .38. Wenn man also die Einstellung einer Person gegenüber einem bestimmten Objekt kennt und Einstellung und das interessierende Verhalten weisen einen vergleichbaren Spezifizierungsgrad auf, kann man sehr wohl mit einer gewissen Wahrscheinlichkeit vorhersagen, wie sich die Person dem Objekt gegenüber verhalten wird.

Tab. 5.1: Der Zusammenhang zwischen Einstellung und Verhalten in Abhängigkeitsgrad des Spezifizierungsgrads (nach Davidson & Jaccard, 1979).

Einstellung zur ...	Korrelation Einstellung-Verhalten
Verhütung	.08
Pille als Verhütung	.32
Verwendung der Pille als Verhütung	.53
Verwendung der Pille als Verhütung in den nächsten 2 Jahren	.57

5.2.2 Theorie des geplanten Verhaltens

Spezifische Einstellungen sagen spezifisches Verhalten also relativ gut vorher. Jedoch wird Verhalten natürlich nicht nur von Einstellungen, sondern auch noch von anderen Faktoren beeinflusst. Nach Ajzen (1991) sind *Intentionen* (Verhaltensabsichten) der beste Verhaltensprädiktor. Die Intentionen wiederum hängen von drei Komponenten ab.

- Einstellung gegenüber dem Verhalten
- subjektive Norm
- wahrgenommene Verhaltenskontrolle

Die *Einstellung* gegenüber dem Verhalten ist die multiplikative Verknüpfung der Überzeugung der Person, wie positiv oder negativ das Ausführen des Verhaltens ist, und der Erwartung, dass das Verhalten zu den gewünschten Konsequenzen führt. Multiplikativ besagt in dem Fall, dass die Einstellungskomponente 0 ist, sobald entweder Überzeugung oder Erwartung 0

sind. Die Überzeugung kann noch so positiv sein. Wenn man
nicht erwartet, dass sich die gewünschten Handlungskonsequen-
zen auch einstellen, entwickelt man keine positive Einstellung
dem Verhalten gegenüber. Gleichfalls nützen positive Erwartungen, dass ein Verhalten zu bestimmten Konsequenzen führt,
nichts, wenn die Konsequenzen nicht wünschenswert sind.

Beispiel

▶ Peter ist die eigene Gesundheit sehr wichtig. Wenn er aber
nicht glaubt, dass Rauchen der eigenen Gesundheit abträglich
ist (da er einen Großvater hat, der über 90 Jahre alt ist, obwohl
er jeden Tag eine Schachtel Zigaretten raucht), wird er keine
negative Einstellung dem Rauchen gegenüber entwickeln. ◀◀

Subjektive Norm ist ebenfalls die multiplikative Verknüpfung
zweier Komponenten, und zwar der Glaube, wie andere Personen
das Verhalten beurteilen, und die Absicht, dem Urteil der anderen Personen zu entsprechen.

Die *wahrgenommene Verhaltenskontrolle* schließlich beinhaltet die Überzeugung, wie leicht oder schwierig das Verhalten
auszuführen ist. Sie wirkt sich nicht nur direkt auf die Intentionen aus, sondern kann auch einen unmittelbaren Einfluss auf
das Verhalten ausüben. Dies ist dann der Fall, wenn die wahrgenommene Verhaltenskontrolle mit der tatsächlichen Kontrolle übereinstimmt. Falls man glaubt, man könne sich den Kauf
eines neuen Sportwagens leisten, wirkt sich dies förderlich auf
die Intention, das Auto zu kaufen, aus. Falls man wirklich finan-
ziell in der Lage ist, das Auto zu kaufen, wird man auch das Auto
kaufen können. Die wahrgenommene Verhaltenskontrolle wirkt
sich in dem Fall direkt auf das Verhalten aus. Falls der Kauf des
Autos dagegen die tatsächlichen finanziellen Mittel übersteigt
(man dies aber nicht wahrhaben will), dann wird man das Auto
nicht kaufen können, und somit wird der Einfluss der wahrge-
nommenen Verhaltenskontrolle auf die Intention begrenzt sein
und sich nicht im Verhalten niederschlagen.

Kommen wir zurück zu unserem Beispiel der Verwendung
der Antibaby-Pille. Bezüglich der Einstellungskomponente wägt
man die positiven und negativen Konsequenzen des Einnehmens

der Antibaby-Pille ab und nimmt eine Einschätzung vor, wie wahrscheinlich es ist, dass die Konsequenzen auch tatsächlich eintreten, wenn man die Antibaby-Pille einnimmt. So kann es einem sehr wichtig sein, dass man nicht schwanger wird, und man glaubt, dass man dies durch das Einnehmen der Antibaby-Pille auch effektiv verhindern kann. Bezüglich der subjektiven Norm betrachtet man beispielsweise die Ansichten des Partners und ist mehr oder weniger gewillt, den Wünschen des Partners zu entsprechen. Der Partner forciert möglicherweise die Verwendung der Antibaby-Pille, da er keine Kondome zur Verhütung verwenden mag. Wenn man sehr zufrieden mit der Partnerschaft ist, achtet man wahrscheinlich mehr auf die Bedürfnisse des Partners, als wenn man kurz davor ist, sich zu trennen. Falls Einstellungen, Norm und Verhaltenskontrolle positiv ausfallen, wirkt sich dies in der Intention aus, die Antibaby-Pille zu verwenden. Diese Intention wiederum sollte darin resultieren, dass tatsächlich die Antibaby-Pille eingenommen wird.

In **Abbildung 5.1** ist die Theorie des geplanten Verhaltens bildlich dargestellt. Übersichtsarbeiten (Armitage & Conner, 2001) ergaben, dass die Theorie des geplanten Verhaltens das Ausführen von Verhalten gut vorhersagen kann.

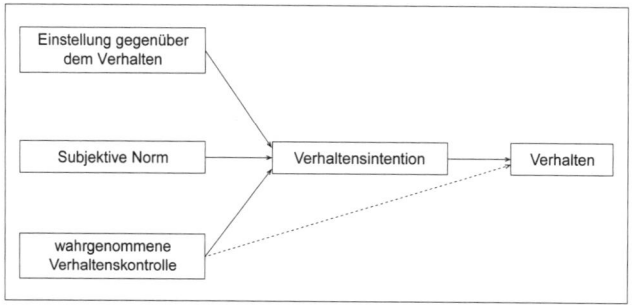

Abb. 5.1: Die Theorie des geplanten Verhaltens (nach Ajzen, 1985)

5.2.3 Einfluss von Verhalten auf Einstellungen

Einstellungen sagen also unter bestimmten Umständen relativ gut Verhalten vorher. Jedoch ist ihr Einfluss nicht einseitig, sondern ein wechselseitiger Prozess ist zu beobachten. Verhalten kann sich also auch auf Einstellungen auswirken. Wie oben beschrieben, werden Einstellungen unter anderem durch Lernprozesse, wie klassisches und operantes Lernen, erworben, bei denen ein Verhalten gegenüber einem Einstellungsobjekt verstärkt wird. Daryl Bem (1972) behauptet beispielsweise, dass Personen oftmals nicht wissen, wie sie einem bestimmten Einstellungsobjekt gegenüber stehen, bis sie gesehen haben, wie sie sich dem Objekt gegenüber verhalten.

Beispiel

► So kann ich mir unsicher sein, wie meine Einstellung gegenüber dem Essen von Froschschenkeln aussieht. Da ich bislang noch nie Froschschenkel gegessen habe, kann ich daraus schließen, dass meine Einstellung gegenüber dem Essen von Froschschenkeln eher negativ ist. Gleichfalls könnte ich meiner Einstellung gegenüber der Verwendung von alternativen Energiequellen unsicher sein. Wenn mir bewusst wird, dass ich selbst Ökostrom beziehe, ziehe ich den Schluss, dass ich eine positive Einstellung gegenüber alternativen Energiequellen aufweise. ◄◄

Nach Bems *Selbstwahrnehmungstheorie* werden aber nicht aus jedem Verhalten Rückschlüsse auf entsprechende Einstellungen gezogen: Das Verhalten muss freiwillig gezeigt werden. Wenn Sie mit dem Fahrrad bei Rot bei einer Ampel stehen bleiben, da hinter Ihnen ein Polizeiauto steht, wird Ihr Verhalten sich weniger auf Ihre Einstellung gegenüber dem Missachten von roten Ampeln auswirken, als wenn Sie stehengeblieben wären, obwohl die Gefahr einer Strafe gering war.

Freiwilligkeit ist auch in der *Theorie der kognitiven Dissonanz* (Festinger, 1957) eine notwendige Bedingung, dass sich Verhalten auf Einstellungen auswirken kann. Nach dieser Theorie streben Menschen nach Konsistenz innerhalb ihres kognitiven Systems. Wenn sich zwei Kognitionen widersprechen, entsteht *Dissonanz*, welches ein unangenehmer Gefühlszustand ist. Eine der Kognitionen kann das Bewusstsein über eigenes Verhalten sein, das im Widerspruch zu einer Einstellung steht.

Beispiel

▶ Personen, die gerne gewalttätige Computerspiele spielen, werden häufig mit Berichten konfrontiert, dass das Spielen solcher Computerspiele aggressive Neigungen verstärkt. Da man nicht als aggressiv wahrgenommen werden möchte (von sich selbst wie von anderen), konfligieren in diesem Fall Verhalten und Einstellung miteinander, was das Gefühl von Dissonanz erzeugt. Eine Möglichkeit, die Dissonanz zu reduzieren, besteht nun darin, dass man nicht mehr gewalttätige Computerspiele spielt. Für einen richtigen Fan solcher Spiele eine nicht vorstellbare Option. Daher erscheint es einfacher, die Einstellung gegenüber dem Spielen von gewalttätigen Computerspielen zu ändern. So kann man beispielsweise einräumen, dass zwar andere sich nach dem Spielen gewalttätiger Computerspiele aggressiver verhalten. Man selbst sei jedoch unbeeinflusst oder lebe gar erfolgreich durch das Computerspiel aggressive Impulse aus, so dass aggressives Verhalten unwahrscheinlicher wird. ◀◀

Wie eine Einstellung aufgrund eines gezeigten Verhaltens geändert wird, wurde in einer klassischen Studie von Festinger und Carlsmith (1959) untersucht. Die Probanden führten über eine Stunde hinweg eine außergewöhnlich langweilige Aufgabe aus. Danach bat sie der Versuchsleiter, dem nächsten Probanden zu sagen, dass die Aufgabe aufregend ist und Spaß macht. Offensichtlich wird man aufgefordert, eine Lüge zu äußern. Für diese Lüge jedoch wurde man entschädigt. Manche der Probanden bekamen einen Dollar, andere bekamen zwanzig Dollar (in einer Kontrollbedingung mussten die Probanden niemanden anlügen). Nachdem alle Probanden dem Wunsch des Versuchsleiters entsprochen hatten, wurden sie gefragt, wie viel Spaß ihnen die Aufgabe gemacht hat.

Das Verhalten der Probanden, eine andere Person anzulügen, sollte Dissonanz erzeugen. Zumindest stimmen die meisten Menschen überein, dass Lügen im Allgemeinen ein unangemessenes Verhalten ist. Wie gingen die Probanden nun mit ihrer Dissonanz um? Wenn man für das Äußern der Lüge zwanzig Dollar bekommen hat (was nach heutigen Maßstäben etwa achtzig Dollar entspricht), hat man eine gute Begründung für sich selbst gefunden: Wer würde schon für einen großen Geldbetrag nicht eine harmlose Lüge äußern? Anders dagegen sieht es aus, wenn man nur einen Dollar für die Lüge angeboten bekommt. Hier bietet der Geldbetrag eine geringe Rechtfertigung für das eigene unmoralische Verhalten. Daher muss man sich überzeugen, dass die Aufgabe nicht langweilig, sondern tatsächlich interessant war. Tatsächlich wurde die Aufgabe von den Probanden in der 1-Dollar-Bedingung als deutlicher attraktiver beurteilt als von den Probanden in der 20-Dollar-Bedingung (und der Kontrollbedingung). Ein Verhalten, für das es nur eine unzureichende Rechtfertigung gibt, beeinflusst also die entsprechende Einstellung (s. **Abb. 5.2**).

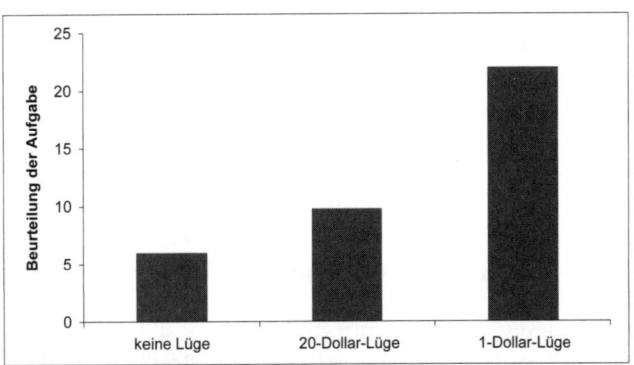

Abb. 5.2: Durchschnittliche Beurteilung der Aufgabe in Abhängigkeit von der Rechtfertigung für das Äußern einer Lüge (nach Festinger & Carlsmith, 1959)

Ähnliche Befunde zeigten sich in einer Studie zur Rechtfertigung eigener Anstrengungen (Aronson & Mills, 1959). Weibliche Probanden kamen ins Labor, um an einer Diskussionsgruppe teilzunehmen. Damit sie jedoch in die Gruppen aufgenommen werden konnten, mussten sie einen Initiationsritus über sich ergehen lassen, und zwar sollten sie dem männlichen Versuchsleiter einen Text mit sexuellem Inhalt vorlesen. Der sexuelle Inhalt war entweder harmloser oder sehr eindeutiger Natur. Danach wurde den Probanden eine Tonbandaufnahme der angeblichen Diskussion vorgespielt, die absichtlich langweilig gehalten wurde. Nichtsdestotrotz konnten die Probanden, die den eindeutigen Text vorgelesen hatten, der Diskussion und ihren Gruppenmitgliedern einiges abgewinnen (zumindest mehr als die Probanden, die den harmlosen Text vorgelesen hatten). Um das eigene unmoralische Verhalten (die Studie wurde in den für heutige Maßstäbe prüden 50er Jahren des vergangenen Jahrhunderts durchgeführt) zu rechtfertigen, muss man den Sinn des Verhaltens betonen. Wer begeht schon gerne einen großen Aufwand für einen geringen Ertrag wie die Teilnahme an einer langweiligen Diskussionsgruppe?

Exkurs

▸ An amerikanischen Universitäten ist es üblich, dass Bewerber für Studentenverbindungen grausame Torturen über sich ergehen lassen. So wird man über mehrere Monate hinweg von den Mitgliedern der Verbindung schikaniert, die einen nackt über den Campus laufen oder stundenlang an einer Wand stehen lassen, ohne dass man auf die Toilette darf, oder ungenießbare Dinge essen lassen. Was wie harmlose Streiche unter Studierenden klingen mag, ist manchmal tödlicher Ernst. Schätzungen zufolge mussten mehr als 100 Bewerber als Folge eines Initiationsritus ihr Leben lassen. Wenn man dies alles hinter sich gebracht hat, sollte man entsprechend der Vorhersagen der Theorie der kognitiven Dissonanz eine tiefe Loyalität gegenüber der Studentenverbindung entwickeln. Nur, um welchen Preis? ◂◂

5.3   Einstellungsänderung

Versuchte Einstellungsänderung erfolgt in den meisten Fällen dadurch, dass eine Quelle durch bestimmte Argumente einen Empfänger zu überzeugen versucht. Entsprechend haben sozialpsychologische Studien untersucht, welche Merkmale der Quelle, der Argumente und des Empfängers Einstellungsänderungen fördern bzw. mindern.

5.3.1 Die Quelle

Eine Quelle ist umso erfolgreicher, einen Empfänger zu beeinflussen, je glaubwürdiger sie wahrgenommen wird. In der Werbung wird dies beispielsweise dadurch versucht, dass ein Zahnarzt eine bestimmte Zahncreme empfiehlt. Da ein Zahnarzt vom Fach ist, vertraut man ihm (trotz des Wissens, dass er für die Werbung bezahlt wird). Ebenso verwendet die Werbung oftmals sehr gutaussehende Personen, die gemeinsam mit einem Produkt gezeigt werden. Und tatsächlich wird man von attraktiven Personen stärker beeinflusst als von weniger attraktiven Personen.

5.3.2 Die Argumente

Bei den Eigenschaften der Argumente will ich mich auf zwei Merkmale beschränken, und zwar auf die Wirkung angsteinflößender und subliminaler Argumente.

Beispiel

▶ In vielen Ländern sind die Zigarettenhersteller verpflichtet, Warnhinweise auf Zigarettenschachteln abzubilden. So liest man, dass Raucher früher sterben, dass Rauchen tödlichen Lungenkrebs verursacht und dass Rauchen die Haut altern lässt. Die dahinterstehende Idee des Gesetzgebers ist, dass die Warnhinweise präventiv Rauchen verhindern bzw. Rauchern dazu zu verhelfen, mit dem Rauchen aufzuhören. Doch wie wirksam sind solche angsteinflößenden Argumente? ◀◀

Leider zeigen *angsteinflößende Argumente* nur eine geringe Wirkung und oftmals sogar einen entgegengesetzten Effekt. Wenn ein Raucher mit den Warnhinweisen auf Zigarettenschachteln konfrontiert wird, löst dies Angst und Stress aus. Diese negativen Gefühlszustände versucht man dann durch das Anzünden einer Zigarette in den Griff zu bekommen. Wenn eine Person keine wahrgenommene Verhaltenskontrolle verspürt, dann ist die erzeugte Erregung von geringem Nutzen. Falls man also versucht, andere mittels angsteinflößender Argumente zu beeinflussen, sollte man unbedingt darauf achten, dass neben der Erzeugung von Angst vermittelt wird, wie man das Verhalten erfolgreich ändern kann.

Subliminale Überzeugung versucht man dadurch zu erreichen, dass Argumente präsentiert werden, ohne dass wir sie bewusst verarbeiten.

Beispiel

▶ Denken Sie zurück an Ihren letzten Weinkauf in einem Supermarkt. Möglicherweise konnten Sie sich nicht zwischen zwei Marken entscheiden, die aus unterschiedlichen Ländern stammen. Schließlich entschieden Sie sich für den Kauf einer Marke. Nur, wie kamen Sie zu Ihrer Entscheidung? So unwahrscheinlich es klingen mag: Möglicherweise wurde zu dem Zeitpunkt Ihres Kaufs Musik in dem Supermarkt gespielt, und Ihre Entscheidung fiel aufgrund der Art der Musik. ◄◄

In einer Studie von North, Hargreaves und McKendrick (1999) wurde über zwei Wochen die Musik in einem Supermarkt dahingehend variiert, dass an einem Tag entweder typische deutsche oder französische Lieder gespielt wurden. Gemessen wurde der Kauf von deutschen bzw. französischen Weinen an den jeweiligen Tagen. Es zeigte sich, dass mehr deutsche als französische Weine an den Tagen verkauft wurden, an dem deutsche Musik gespielt wurde. Der entgegengesetzte Effekt zeigte sich an den Tagen, an denen französische Musik gespielt wurde.

5.3.3 Der Empfänger

In verschiedenen Studien zeigte sich, dass Personen mit geringer Intelligenz leichter beeinflussbar sind als Personen mit hoher Intelligenz. Zudem sind Personen im Alter zwischen 18 und 25 Jahren leichter zu beeinflussen als ältere Personen. Schließlich sind Personen mit mittlerem Selbstwert leichter beeinflussbar als Personen mit niedrigem oder hohem Selbstwert.

5.3.4 Wie und warum wirken Überzeugungsversuche?

Manchmal lässt man sich von einer Quelle überzeugen, ohne sehr über die vorgebrachten Argumente nachzudenken. Andererseits können Sie sich sicher auch an Situationen erinnern, in denen Sie die vorgebrachten Argumente intensiv geprüft haben. Entsprechend postulieren Sozialpsychologen (Chaiken, Liberman & Eagly, 1989; Petty & Cacioppo, 1986), dass Argumente auf zweierlei Art verarbeitet werden:

- die zentrale Route
- die periphere Route

Die *zentrale Route* beschreibt den Prozess, dass Argumente intensiv geprüft werden und dass der Grad der Überzeugung von der Stärke der Argumente abhängt. Die *periphere Route* beschreibt den Prozess, dass Argumente nur oberflächlich verarbeitet werden und eine Änderung von Überzeugungen durch andere Faktoren als die Stärke der vorgebrachten Argumente zu erklären sind.

Ob eine Person die zentrale oder periphere Route der Argumentenverarbeitung einschlägt, hängt vor allem von dem Grad der Motivation und den vorhandenen Ressourcen ab, über die die Person verfügt. Wenn ein Thema für eine Person besonders wichtig ist, dann verfügt sie über eine hohe Motivation, sowohl Pro- als auch Kontra-Argumente intensiv zu verarbeiten. Wenn das Thema dagegen von der Person als unwichtig erachtet wird, dann wird sie weniger aufmerksam die Argumente prüfen. Ebenso erhöhen hohe vorhandene kognitive Ressourcen die Wahrscheinlichkeit einer zentralen Verarbeitung, wohingegen niedrige Ressourcen eher zu einer peripheren Verarbeitung führen.

Merke
► Eine zentrale Verarbeitung gegenüber einer peripheren führt zu einer länger anhaltenden Meinungsänderung, die auch resistenter gegenüber weiteren Beeinflussungsversuchen ist. ◄◄

Zusammenfassung

Einstellungen sind positive, negative oder gemischte Bewertungen eines Einstellungsobjekts. Einstellungsobjekte können sein:

Personen und Personengruppen, Gegenstände und kognitive Konzepte. Einstellungen können auf einer bewussten und auf einer unbewussten Ebene gemessen werden. Auf einer bewussten Ebene gemessene Einstellungen werden als explizite Einstellungen bezeichnet; implizite Einstellungen werden auf einer unbewussten Ebene gemessen. Einstellungen werden mittels verschiedener Lernprozesse erworben. Zum Teil sind sie jedoch genetisch begründet. Einstellungen stellen einen guten Prädiktor für Verhalten dar, wenn Einstellung und Verhalten einen vergleichbaren Spezifizierungsgrad aufweisen. Durch die zusätzliche Kenntnis von Normen, wahrgenommener Verhaltenskontrolle und Verhaltensintentionen kann Verhalten jedoch deutlich besser vorhergesagt werden. Zudem sagen Einstellungen nicht nur Verhalten vorher, sondern Verhalten wirkt sich auch auf Einstellungen aus. Einstellungsänderungen hängen von den Eigenschaften der Quelle des Arguments, des Arguments selbst sowie des Empfängers des Arguments ab. Sie werden zentral und peripher verarbeitet, wobei die zentrale Verarbeitung zu einer dauerhafteren Einstellungsänderung führt.

Literaturempfehlungen

Bohner, G. & Dickel, N. (2011). *Attitudes and attitude change.* Annual Review of Psychology, 62, 391–417.

Bohner, G. & Wänke, M. (2002). *Attitudes and attitude change.* Hove, UK: Psychology Press.

Fishbein, M. & Ajzen, I. (2010). *Predicting and changing behavior: The reasoned action approach.* New York: Psychology Press.

Greenwald, A. G., McGhee, D. E. & Schwartz, J. K. L. (1998). Measuring individual differences in implicit cognition: The Implicit Association Test. *Journal of Personality and Social Psychology, 74,* 1464–1480.

Harmon-Jones, E. & Mills, J. (Hrsg.). (1999). *Cognitive dissonance: Progress on a pivotal theory in social psychology.* Washington, DC: American Psychological Association.

Petty, R. E. & Cacioppo, J. T. (1996). *Attitudes and persuasion: Classic and contemporary approaches.* Boulder, CO: Westview Press.

Petty, R. E., Fazio, R. H. & Briñol, P. (Hrsg.). (2009). *Attitudes: Insights from the new implicit measures.* New York: Psychology Press.

Fragen zur Selbstüberprüfung

1. Wie erfasst man explizite und implizite Einstellungen?
2. Erklären Sie, wie Lernprozesse zu der Entstehung von Einstellungen beitragen.
3. Einstellung und Verhalten korrelieren umso stärker, je mehr eine Korrespondenz von Einstellung und Verhalten hinsichtlich welcher Dimensionen gegeben ist?
4. Wie ist das Zusammenspiel zwischen Einstellungen, Normen, wahrgenommener Verhaltenskontrolle und Verhaltensintentionen in der Vorhersage von Verhalten?
5. Wie erklärt man sich dissonanztheoretisch, dass Verhalten zu einer Einstellungsänderung führen kann?
6. Warum wirken sich angsteinflößende Argumente nur in geringem Maße auf Verhalten aus? Wie kann man die Wirkung angsteinflößender Argumente verstärken?
7. Wann werden Argumente zentral verarbeitet, wann werden sie peripher verarbeitet?

6 Sozialer Einfluss

Inhalt
Menschen üben sozialen Einfluss aus, wenn sie die Gedanken, Emotionen und Verhaltensweisen anderer verändern. Beeinflussen lassen sich Menschen aus den Motiven heraus, ein richtiges Urteil abzugeben und von anderen gemocht zu werden. Menschen sind sehr anfällig für sozialen Einfluss. Einflussstrategien, die mehrere Ersuchen mit unterschiedlichen Kosten für den Einflussempfänger verknüpfen, sind oftmals erfolgreich. Nicht nur Mehrheiten, auch Minderheiten können sozialen Einfluss ausüben. Auch willkürliche Rollenzuteilungen sowie die Aufforderung zu Gehorsam können bedeutsame Verhaltensänderungen hervorrufen.

In diesem Kapitel besprechen wir ein Kernthema sozialpsychologischen Arbeitens: den sozialen Einfluss. Wie einführend gesagt, untersucht die Sozialpsychologie, wie Gedanken, Emotionen und Verhaltensweisen von Personen durch andere Personen beeinflusst werden (Allport, 1954a). Inwieweit und warum sich Personen von anderen in ihrem Handeln leiten lassen, werden wir im Folgenden diskutieren. Dabei gehen wir auf einige der bekanntesten sozialpsychologischen Untersuchungen ein. Die Studien von Asch zu Konformität, das Stanford-Gefängnis-Experiment und mehr noch die Studien von Milgram zu Gehorsam stellen Klassiker des Feldes dar, die unser Bild menschlicher Autonomie in einem erheblichen Maße verändert haben.

6.1   Arten sozialen Einflusses

Definition
► Sozialer Einfluss stellt den Prozess dar, wonach Personen direkt oder indirekt die Gedanken, Emotionen und Verhaltensweisen anderer Personen verändern. ◄◄

Bin ich für oder gegen Studiengebühren? Wie finde ich Facebook? Für wie wichtig erachte ich den Schutz der Umwelt? In unserer Urteilsfindung zu diesen und anderen Fragen lassen wir uns oftmals von anderen beeinflussen. Das Erfahren von Argumenten, die die Gefahren von Kernkraftwerken aufzeigen, kann beispielsweise zu der Überzeugung führen, dass keine neuen Kernkraftwerke gebaut werden sollten. Manchmal benötigt es keiner Argumente, sondern allein das Erfahren der Meinung anderer ist ausreichend, um uns in unseren Einstellungen und in unserem Verhalten zu beeinflussen. Wenn ein Anhänger der Rockgruppe „Die Toten Hosen" erfährt, dass diese bekennende Gegner von Atomenergie sind, wird er vielleicht selbst Atomkraftwerken kritischer gegenüber stehen (ohne zu erfahren, *warum* die Toten Hosen gegen die Gewinnung von Atomstrom sind).

Sozialer Einfluss kann sich auf zumindest zwei Ebenen niederschlagen. Er kann zum einen zu einer öffentlichen Meinungsanpassung, zum anderen zu einer internalisierten Meinungsänderung führen. Eine *öffentliche Meinungsanpassung* bedeutet, dass man der Quelle des Beeinflussungsversuches die eigene Zustimmung mitteilt. Im Privaten jedoch kann man unbeeinflusst bleiben und eine andere Meinung vertreten. So kann man beispielsweise Atomkraftgegnern versichern, dass man selbst gegen die Gewinnung von Atomstrom ist. Für sich selbst jedoch ist man der Gewinnung von Atomstrom gegenüber positiv eingestellt. Eine *internalisierte Meinungsänderung* bedeutet, dass man die Meinung der Quelle des Beeinflussungsversuchs tatsächlich übernommen hat. Die Argumente von Atomkraftgegnern beispielsweise haben dazu geführt, dass man sich den Gefahren der Gewinnung von Atomstrom bewusst wurde.

Merke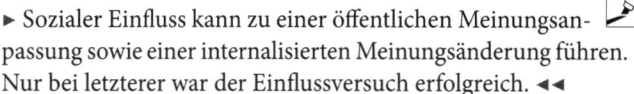
► Sozialer Einfluss kann zu einer öffentlichen Meinungsan-
passung sowie einer internalisierten Meinungsänderung führen.
Nur bei letzterer war der Einflussversuch erfolgreich. ◄◄

Warum lassen sich Menschen von anderen beeinflussen? Zwei
Hauptmotive werden in der Fachliteratur genannt. Zum einen
lässt man sich aus dem Bedürfnis heraus beeinflussen, objektiv
korrekte Einstellungen und Überzeugungen vertreten zu wollen.
Dies wird als *informationaler Einfluss* bezeichnet, der insbesondere in Situationen auftritt, in denen Personen unsicher sind, ob
ihr Standpunkt korrekt ist oder nicht (beispielsweise bei schwierigen Aufgaben). Zum anderen lässt man sich aus dem Bedürfnis heraus beeinflussen, von anderen gemocht und akzeptiert zu
werden. Dies wird als *normativer Einfluss* bezeichnet, der vor
allem zu verzeichnen ist, wenn Personen sicher sind, dass ihr
Standpunkt korrekt ist (beispielsweise bei einfachen Aufgaben).

6.1.1 Informationaler Einfluss

Um die Korrektheit der eigenen Meinungen zu überprüfen, be-
rücksichtigt man Informationen und Argumente anderer Personen. Insbesondere in persönlich bedeutsamen Situationen, in
denen wir unsicher sind, ob die eigene Meinung zutrifft, lassen
wir uns in unserer Urteilsbildung von der Meinung anderer leiten. Eine Studie von Baron und Kollegen (Baron, Vandello &
Brunsman, 1996) zeigt auf, dass man sich bei schwierigen Aufgaben vor allem dann an der Meinung anderer orientiert, wenn
man hochmotiviert ist, ein richtiges Urteil zu treffen. (Die Studie
von Baron und Kollegen ist eine Fortführung der berühmten
Asch-Studien, die wir im Kapitel 6.4 besprechen werden.) Die
Probanden in der Studie erfuhren, dass die Genauigkeit ihrer
Aussagen als Augenzeugen untersucht werden würde. In insgesamt dreizehn Durchgängen sahen sie zunächst ein Bild eines
Täters und anschließend ein Bild einer Aufstellung mit vier Personen, wobei einer der vier Personen der Täter war. Die Bilder
wurden jedoch nur sehr kurz gezeigt, so dass es schwierig war,
die richtige Person zu identifizieren. Variiert wurde die Wich-

tigkeit, bei der Aufgabe gut abzuschneiden. In der Bedingung „Wichtigkeit hoch" erfuhren die Probanden, dass ihre Angaben von der Polizei genutzt werden, um gute von schlechten Augenzeugen besser unterscheiden zu können. Zudem wurde den besten Probanden eine Belohnung von zwanzig Dollar in Aussicht gestellt. In der Bedingung „Wichtigkeit niedrig" wurde die Studie als Pilotstudie dargestellt, mit dem Ziel herauszufinden, wie man am besten die Bilder anderer Probanden präsentiert. Zudem wurde kein finanzieller Anreiz für gute Leistungen gegeben. Neben den Probanden nahmen noch zwei Mitarbeiter des Versuchsleiters (Konföderierte) an dem Versuch teil. Diese waren instruiert, in manchen Durchgängen eine falsche Antwort zu geben. In der Bedingung „Wichtigkeit niedrig" folgten die Probanden den Konföderierten in 35 Prozent der Fälle und identifizierten einen falschen Täter. Diese Konformitätsrate war in der Bedingung „Wichtigkeit hoch" noch stärker ausgeprägt: Hier gingen die Probanden in 51 Prozent der Fälle konform mit dem (falschen) Urteil der Konföderierten. Informationaler Einfluss ist demnach besonders stark ausgeprägt, wenn eine Aufgabe schwierig und wichtig zugleich ist.

Merke

► Informationaler Einfluss wirkt aus dem Bedürfnis heraus, ein richtiges Urteil abzugeben. Er tritt insbesondere in Situationen auf, in denen sich der Einflussempfänger zur Korrektheit des eigenen Urteils unsicher ist, sie ihm aber wichtig ist. ◄◄

6.1.2 Normativer Einfluss

Normativer Einfluss entspringt weniger dem Bedürfnis, ein richtiges Urteil abzugeben (wie beim informationalen Einfluss), als vielmehr dem Bedürfnis, von anderen gemocht und akzeptiert zu werden. Einflussgrundlage sind also Erwartungen darüber, was andere Personen vermutlich gerne hören möchten. Das Wirken normativen Einflusses kann man wiederum gut in der eben beschriebenen Studie von Baron und Kollegen (1996) darstellen. Manche der Probanden bearbeiteten keine schwierigen, sondern sehr einfache Aufgaben. So wurden die Bilder für eine längere

Zeit den Probanden präsentiert und nicht nur einmal (wie in der schwierigen Bedingung), sondern zweimal. Wenn die Aufgabe als wenig wichtig dargestellt wurde, gingen die Probanden in 33 Prozent der Fälle mit den Konföderierten konform. Wenn sie dagegen als wichtig dargestellt wurde, sank die Konformitätsrate auf nur noch 16 Prozent. Wenn es also wichtig ist, ein korrektes Urteil abzugeben (und demnach der informationale Einfluss gefragt ist), sind die sozialen Normen weniger einflussreich. Wenn es jedoch weniger wichtig ist, ob das eigene Urteil korrekt ist oder nicht, dann geht man eher mit der Mehrheit, da dann das Bedürfnis, gemocht und akzeptiert zu werden, stärker wiegt als das Bedürfnis, richtigzuliegen.

Nichtsdestotrotz ist es aber bemerkenswert, dass immerhin 16 Prozent der Probanden mit dem Urteil der Konföderierten konform gingen. In einer Kontrollbedingung, in der Probanden die Aufgaben allein (also ohne den Einfluss von Konföderierten) bearbeiteten, wurde in 97 Prozent der Fälle bei der leichten Aufgabenstellung der korrekte Täter identifiziert. Demnach orientiert sich fast ein Sechstel aller Probanden bei einer an sich sehr einfach zu lösenden Aufgabe an der Meinung anderer und fällt wider besseren Wissens ein falsches Urteil – und das, obwohl die Aufgabe persönlich bedeutsam ist.

Merke

▶ Normativer Einfluss entspringt dem Bedürfnis, von anderen gemocht zu werden. Er tritt insbesondere bei einfachen Aufgaben auf, bei denen dem Einflussempfänger die Korrektheit des eigenen Urteils nicht wichtig ist. ◄◄

6.2 Einflussstrategien

Im Folgenden besprechen wir vier Einflussstrategien, die allesamt darauf basieren, dass mehrere Ersuchen bzw. Angebote gestellt werden. Die Fuß-in-der-Tür-Technik und die Klein-Anfangen-Technik beginnen beide mit einer Anfrage mit geringen Kosten bzw. einem günstigen Angebot, gefolgt von einer Anfrage mit hohen Kosten bzw. einem Angebot mit gestiegenen Preisen. Die Tür-im-Gesicht-Technik sowie die Das-ist-noch-nicht-alles-Technik gehen den entgegengesetzten Weg und beginnen mit einer Anfrage mit hohen Kosten bzw. einem Angebot mit hohem Preis, gefolgt von einer Anfrage mit niedrigeren Kosten bzw. einem Angebot mit gesunkenem Preis.

Fuß-in-der-Tür-Technik

Beispiel

▶ In der Fußgängerzone werden Sie von einer sympathischen jungen Frau angesprochen, ob Sie sich in eine Unterschriftenliste gegen Tierversuche eintragen wollen. Nachdem Sie dieser Bitte gerne nachgekommen sind, fragt die junge Frau Sie, ob Sie nicht auch eine Mitgliedschaft in einer Tierschutzorganisation abschließen und die Erlaubnis geben wollen, dass der jährliche Mitgliedsbeitrag von 120 Euro von Ihrem Konto abgebucht wird. Da Sie der ersten Bitte nachgekommen sind, nehmen Sie sich als Tierfreund wahr und treten daher der Organisation bei. ◀◀

Bei der Fuß-in-der-Tür-Technik bitten Sie eine andere Person um einen so kleinen Gefallen, dass kaum jemand Ihnen die Bitte abschlägt. Da die andere Person der (kleinen) Bitte nachgekommen ist, nimmt sie sich als hilfsbereite Person wahr. Wenn nun eine große Bitte folgt, dann führt die eigene Wahrnehmung als hilfsbereite Person dazu, dass sie auch der zweiten Bitte nachkommt.

Klein-Anfangen-Technik

Beispiel

▶ Nach langer Suche haben Sie endlich ein Auto gefunden, dass Sie gerne kaufen würden. Das Auto hat einfach alles, und vor allem ist es deutlich günstiger als bei anderen Autohändlern. Bevor Sie den Kauf abschließen können, muss der Verkäufer jedoch das Angebot mit seinem Chef abklären. Als er zurückkommt, sagt er Ihnen zerknirscht, dass er Ihnen das Auto doch nicht zu dem vereinbarten Preis verkaufen kann, sondern dass

Sie 300 Euro mehr bezahlen müssten, als zuerst gedacht. Auf einmal ist das Angebot gar nicht mehr so günstig. Andererseits hatten Sie sich auf den Kauf des Autos gefreut und Sie konnten sich schon genau vorstellen, wie Sie mit dem Auto die erste Spritztour unternehmen. Daher sagen Sie zu, und der Kauf zu dem höheren Preis ist besiegelt. ◄◄

Wie bei der Fuß-in-der-Tür-Technik erlangt die überzeugende Person bei der Klein-Anfangen-Technik die Zustimmung bei einem Angebot, bei der in einem zweiten Schritt die Kosten deutlich erhöht werden. Da man sich an ein Objekt gebunden bzw. gegenüber der Person verpflichtet fühlt, mit der man zu tun hatte, stimmt man dem Angebot mit den erhöhten Kosten ebenfalls zu.

Tür-im-Gesicht-Technik

Beispiel
► Ihr Mitstudent erzählt Ihnen, dass sein Mietvertrag nicht verlängert wurde und er noch keine Wohnung für das kommende Semester gefunden hat. In seiner Verzweiflung wendet er sich an Sie und fragt, ob er bei Ihnen im nächsten halben Jahr unterkommen kann. Da Sie selbst in einem kleinen Zimmer wohnen, kommen Sie der Bitte Ihres Mitstudenten nicht nach. Daraufhin bittet Sie Ihr Mitstudent, ob er statt sechs Monaten vielleicht den ersten Monat bei Ihnen wohnen dürfte. Obwohl Sie ihn eigentlich gar nicht aufnehmen wollten, kommt Ihnen ein Monat im Vergleich zu sechs Monaten als vergleichsweise harmlos vor. Zudem wissen Sie das große Entgegenkommen Ihres Mitstudenten zu schätzen und lassen ihn daher für einen Monat bei sich wohnen. ◄◄

Bei der Tür-im-Gesicht-Technik fängt man mit einer bewusst überzogenen Anfrage an, die ziemlich sicher ausgeschlagen wird. In einem zweiten Schritt senkt man die eigenen Ansprüche und hat dadurch gute Chancen, dass der zweiten Bitte nachgekommen wird.

Das-ist-noch-nicht-alles-Technik

Beispiel

► In Schlussverkäufen kommt es häufig zu einem wahren Ansturm auf die vermeintlich unglaublich günstige Kleidung. Wer kann schon dem Kauf einer Hose widerstehen, deren Preis von 150 Euro auf 50 Euro reduziert wurde! Was wäre aber, wenn genau die gleiche Hose niemals 150 Euro gekostet hätte? Würde man diese für 50 Euro ebenfalls begeistert kaufen? ◄◄

Bei der Das-ist-noch-nicht-alles-Technik wird ein Produkt zu einem bestimmten Preis angeboten, aber bevor ein Käufer ablehnen kann, im Preis reduziert. Diese Reduktion erhöht die Wahrscheinlichkeit, dass das Produkt gekauft wird (gegenüber einem Angebot, in dem ausschließlich der reduzierte Preis bekannt ist).

6.3   Der Einfluss von Rollen

Im Jahr 2004 wurde bekannt, dass irakische Insassen des Abu-Ghraib-Gefängnisses nahe Bagdad von amerikanischen Militär- und Geheimdienstmitarbeitern gefoltert wurden. Im weiteren Verlauf gelangten Bilder und Videos an die Öffentlichkeit, die die Art und das Ausmaß der Misshandlungen dokumentierten (s. **Abb. 6.1**).

In der öffentlichen Diskussion, wie es zu solchen Taten kommen konnte, wurde vorwiegend die Meinung vertreten, dass dies die Tat Einzelner sei, die ihre sadistischen Neigungen ausgelebt hatten. Wie so oft bei der Erklärung menschlichen Verhaltens ist also auch in diesem Fall der fundamentale Attributionsfehler deutlich zu sehen: Ein Verhalten wird ausschließlich auf menschliche Dispositionen zurückgeführt, situative Einflüsse werden dagegen ausgeblendet.

Ungefähr 40 Jahre zuvor jedoch belegte eine sozialpsychologische Untersuchung, wie innerhalb kürzester Zeit psychisch unauffällige Menschen dazu gebracht werden können, andere Menschen zu demütigen und zu misshandeln. Im sogenannten

Abb. 6.1: Folterskandal im irakischen Gefängnis Abu Ghraib

Stanford-Gefängnis-Experiment (Haney, Banks & Zimbardo, 1973) wurde untersucht, wie sich eine zufällige Rollenzuteilung von Versuchspersonen in „Wärter" oder „Gefangene" auf menschliches Verhalten auswirkt. Das Experiment fand in einen zum Gefängnis umgebauten Keller der Stanford University statt. Den „Gefangenen" wurden die Kleider weggenommen und sie mussten einen Einheits-Overall anziehen sowie Fußketten tragen. Sie durften sich nicht mehr mit ihren Namen, sondern nur noch mit den auf der Kleidung aufgedruckten Nummern anreden. Die „Gefängniswärter" erhielten eine respekteinflößende Uniform sowie eine verspiegelte Sonnenbrille, die verhinderte, dass ihnen in die Augen geblickt werden konnte.

Nach kurzer Zeit gingen die Versuchspersonen in ihren Rollen auf. Die Wärter versuchten, den Willen der Gefangenen zu brechen und entwickelten sadistische Neigungen (die Gefangenen wurden beispielsweise gezwungen, die Toilette mit bloßen Händen zu putzen). Die Gefangenen versuchten zunächst, gegen

die Erniedrigungen anzukämpfen. Nachdem dies jedoch von
den Wärtern brutal niedergeschlagen wurde, entwickelte sich
Lethargie und Passivität unter den Gefangenen. Nach 36 Stunden
zeigte sich bei einem Gefangenen eine akute Depression, so dass
dieser entlassen werden musste. In den weiteren Tagen brachen
weitere Gefangene unter dem Druck zusammen und wurden
entlassen. Nach sechs Tagen musste das gesamte Experiment
vorzeitig abgebrochen werden (es war eigentlich auf zwei Wochen angelegt). Dieses Experiment belegt eindrucksvoll, wie
menschliches Verhalten durch situative Umstände (in dem Fall
durch eine Rollenzuteilung) beeinflusst werden kann. Gewalt
und Grausamkeiten können zwar durch entsprechende Persön-
lichkeitsneigungen mitbestimmt sein, oftmals jedoch können
sie besser durch den Aufforderungscharakter der Situation erklärt werden.

6.4   Konformität

6.4.1   Der Einfluss der Mehrheit

Beispiel

► Stellen Sie sich vor, Sie bearbeiten eine einfache Wahrnehmungsaufgabe. Sie bekommen eine Linie vorgegeben (die Linie
unten links) und sollen bestimmen, welche von drei Vergleichs-
linien (die Linien unten rechts) die gleiche Länge aufweist.

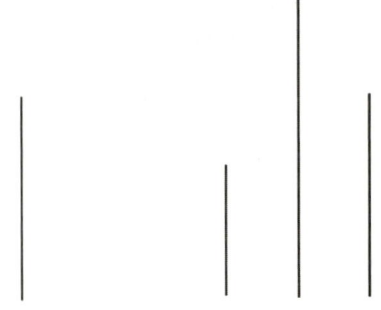

An sich ist die Aufgabe sehr einfach, da eine der Linien ebenso lang ist und die beiden anderen Linien sich deutlich in der

Länge von Ihrer Linie unterscheiden. Allerdings sind Sie nicht allein, sondern sechs weitere Personen bearbeiten ebenfalls die Aufgabe und alle müssen öffentlich bekannt geben, welche Linie die richtige ist. Als Sie an der Reihe sind, haben bereits fünf das gleiche Urteil abgegeben, das jedoch nicht Ihrer Meinung entspricht. Was werden Sie tun? Geben Sie das gleiche Urteil ab wie alle anderen oder trauen Sie Ihrem Urteilsvermögen und benennen Sie die Ihrer Ansicht nach richtige Linie? ◄◄

Genau diese Situation erlebten Versuchspersonen in Studien von Solomon Asch (1951). Die sechs anderen Personen waren Konföderierte und vom Versuchsleiter instruiert worden, in zwölf von achtzehn Durchgängen einstimmig eine falsche Beurteilung abzugeben. Wenn Sie sich dem Urteil der angeblich anderen Versuchspersonen angeschlossen hätten, hätten Sie wie viele von Aschs Versuchspersonen gehandelt: Durchschnittlich wurden 32 Prozent Fehlurteile konform mit der Mehrheit abgegeben und 74 Prozent der Probanden gaben mindestens ein falsches Urteil ab. Probanden, die die Aufgaben allein bearbeitet hatten, trafen dagegen in nur 0,7 Prozent der Fälle ein falsches Urteil. Nachfolgende Studien ergaben, dass eine nahezu vollständige Konformitätswirkung bereits ab einer Mehrheit von drei Personen erzielt wird. Die Konformitätsrate sinkt jedoch deutlich, wenn die Versuchsperson von einer weiteren Person in ihrer Meinung unterstützt wird. Selbst ein falsch antwortender zweiter Abweichler bewirkt eine Konformitätsreduktion.

Wie einleitend besprochen, lassen sich Personen vor allem aus informationalen und normativen Gründen überzeugen. Im Asch-Paradigma ist der Mehrheitseinfluss stärker normativ als informational: Öffentlich bekundet man zwar das gleiche Urteil wie die Mehrheit, in privaten Urteilen ist man dagegen relativ unbeeinflusst (Allen, 1975). Informationaler Einfluss, beispielsweise in Situationen, in denen sich der Einflussempfänger in der eigenen Meinung unsicher ist, wirkt sich auch auf private Urteile aus, führt also zu einer tatsächlichen Einstellungsänderung.

Merke

► Informationaler Einfluss führt eher zu einer internalisierten Meinungsänderung. Normativer Einfluss führt eher zu einer öffentlichen Meinungsanpassung. ◄◄

6.4.2 Der Einfluss der Minderheit

Geht man nur konform, wenn man dem Einfluss einer Mehrheit ausgesetzt ist, oder sind auch Minderheiten in der Lage, einen Meinungsumschwung zu erzielen? Serge Moscovici und Kollegen (Moscovici, Lage & Naffrechoux, 1969) verwendeten ein ähnliches Untersuchungsparadigma wie Asch. Die Probanden bekamen eine relativ einfache Wahrnehmungsaufgabe, und zwar sollte die Farbe von Dias bestimmt werden (alle Dias waren blau). Wie bei Asch war man jedoch wiederum nicht allein, sondern zu sechst. In der Experimentalbedingung waren vier Versuchspersonen sowie zwei Konföderierte des Versuchsleiters anwesend; die Kontrollbedingung bestand aus sechs Versuchspersonen. Insgesamt gab es 36 Durchgänge. In einer der beiden Experimentalbedingungen antworten die Konföderierten immer mit „Grün" (*konsistente Minderheiten*), in einer zweiten Experimentalbedingung zwölfmal mit „Blau" und 24-mal mit „Grün" (*inkonsistente Minderheiten*). In der Kontrollbedingung wurde fast nie die Farbe Grün genannt. In der inkonsistenten Minderheitenbedingung auch nur in ca. einem Prozent der Fälle. In der konsistenten Minderheitenbedingung dagegen teilten in mehr als acht Prozent der Fälle die Probanden das Minderheitenurteil (s. **Abb. 6.2**). Und ungefähr ein Drittel aller Probanden übernahm mindestens einmal das inkorrekte Urteil der konsistenten Minderheiten.

Nicht nur Mehrheiten, sondern auch Minderheiten können demnach andere erfolgreich beeinflussen (und zwar in der Studie von Moscovici und Kollegen wie in den Studien von Asch sogar von einer objektiv falschen Meinung). Wenn man die Ergebnisse von Asch und Moscovici vergleicht, scheint der Mehrheiteneinfluss stärker auszufallen als der Minderheiteneinfluss: Bei Asch gab es 32 Prozent Fehlurteile konform mit der Mehrheit, bei Moscovici 8 Prozent Fehlurteile konform mit der Min-

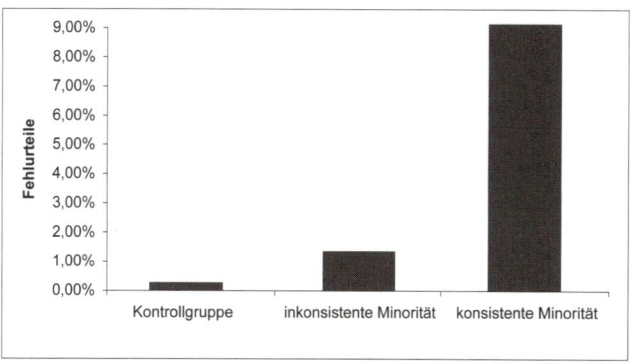

Abb. 6.2: Fehlurteile in Prozent in Abhängigkeit von der Konsistenz des Minderheiteneinflusses (nach Moscovici et al., 1969)

derheit. Diese Tendenz wurde in einer Metaanalyse von Wood und Kollegen (Wood, Lundgren, Ouelette, Busceme & Blackstone, 1994) bestätigt: Im öffentlichen Urteil wie bei Asch und Moscovici (wenn Personen ihre Meinung öffentlich kundtun müssen) ist der Minderheiteneinfluss dem Mehrheiteneinfluss unterlegen. Gleichfalls zeigt sich, dass Mehrheiten erfolgreicher sind als Minderheiten im direkten, privaten Urteil (ein auf das gleiche Einstellungsobjekt bezogene Urteil, das die Person nicht der Einflussquelle bekanntgibt, jedoch der Versuchsleitung). Dagegen sind Minderheiten Mehrheiten zumindest ebenbürtig im Hinblick auf ihren Einfluss auf indirekte (ein ähnliches, nicht aber das identische Einstellungsobjekt), private Urteile.

Nach Moscovici ist die Konsistenz der Minderheiten innerhalb der Gruppe sowie über die Zeit hinweg zentral für ihren Einfluss. Andere Autoren dagegen betonen die Bedeutung flexiblen Handelns. Nach Hollanders *Theorie der ideosynkratischen Kredite* beispielsweise sind Minderheiten vor allem erfolgreich, wenn sie zuvor ideosynkratische Kredite (Statusvorteile) erworben haben. Diese kann man unter anderem durch Konformität bei früheren Urteilen erreichen. Man geht also zunächst mit der Mehrheit. Sobald die Mehrheit Vertrauen in einen gewonnen hat, erzielt man oftmals erfolgreich einen Meinungsumschwung

durch das Nennen und Argumentieren für eine abweichende
Ansicht (Hollander, 1958).

Beispiel
▶ Sie wollen mit Ihren Freundinnen in den Urlaub fahren.
Alle Ihre Freundinnen wollen einen Cluburlaub am Meer bu-
chen. Sie jedoch mögen nichts weniger, als einen Urlaub in einer
Ferienanlage zu verbringen. Sie stimmen zunächst zu, dass Sie
ans Meer fahren, argumentieren dann aber erfolgreich, dass Ihre
Gruppe zeltet und nicht in einem Club übernachtet. ◄◄

Ebenso uneins sind sich Minderheitenforscher bei der Frage, ob
der Einfluss von Minderheiten und Mehrheiten dem gleichem
Wirkprozess unterliegen, oder ob sie unterschiedlich wirken.
Nach der *Social Impact Theory* von Latané und Wolf (1981) wirken Minderheiten und Mehrheiten durch denselben Prozess, der
aber durch die größere Anzahl der Einfluss nehmenden Personen
bei Mehrheiten stärker ist als bei Minderheiten. Moscovici (1980,
1985) dagegen geht davon aus, dass Minderheiten- und Mehr-
heiteneinflüsse unterschiedliche Konflikte induzieren und dadurch vermittelt unterschiedliche Wirkungen haben. Wenn man
einem Mehrheiteneinfluss ausgesetzt ist, kommt es zu einem
Vergleichsprozess („Wer hat Recht?"); wenn man dagegen einem
Minderheiteneinfluss ausgesetzt ist, kommt es zu einem Validie-
rungsprozess („Was ist richtig?"). Als Folge bewirken Mehrheiten
vor allem eine öffentliche Zustimmung, Minderheiten hingegen
eine private Meinungsänderung. Auch Nemeth (1986) betont
die qualitativ unterschiedliche Wirkung von Minderheiten- vs.
Mehrheiteneinflüssen. Ihrer Ansicht nach werden unterschiedliche Informationsverarbeitungsprozesse induziert. Während
Mehrheiteneinfluss *konvergentes Denken* (Fokus auf die Position
der Mehrheit) hervorruft, bewirkt Minderheiteneinfluss *diver-
gentes Denken* (Durchdenken einer Vielzahl von Positionen, auch
anderer als die der Minderheit und der Mehrheit). Nemeth konnte in der Tat in einer Vielzahl an Studien zeigen, dass Minder-
heiten- mehr als Mehrheiteneinfluss Kreativität und Innovation
fördert.

Merke
▶ Sowohl Mehrheiten als auch Minderheiten können sozialen Einfluss ausüben. Die Wirkung von Mehrheiten ist im Allgemeinen stärker als die Wirkung von Minderheiten. Jedoch scheinen Minderheiten eher als Mehrheiten eine tatsächliche (private) Meinungsänderung hervorzurufen, die auch längerfristig Bestand hält. ◄◄

6.5   Gehorsam

Adolf Eichmann leitete im Dritten Reich die gesamte Organisation der Deportation der Juden in die Konzentrationslager. Er war somit direkt mitverantwortlich für die Ermordung von etwa 6 Millionen Juden. Nach dem Krieg wurde er interniert, dann aber entlassen und wanderte schließlich nach Argentinien aus. Dort wurde er im Jahr 1960 vom israelischen Geheimdienst nach Israel entführt, zum Tode verurteilt und hingerichtet. Eichmann bestritt nicht seine Taten, er berief sich jedoch während des Prozesses darauf, dass er nur Befehle ausgeführt hätte. Der Prozess gegen Eichmann rief in der internationalen Presse große Aufmerksamkeit hervor. Hannah Arendt, eine jüdische Publizistin, beispielsweise bezeichnete Eichmann als Schreibtischtäter und charakterisierte ihn als Banalität des Bösen. Der amerikanische Sozialpsychologe Stanley Milgram wurde von dem Prozess gegen Eichmann inspiriert und fragte sich, inwieweit menschliche Grausamkeit tatsächlich durch Gehorsam gegenüber Autoritäten erklärt werden kann. Die von ihm durchgeführten Gehorsamsexperimente sind die möglicherweise bekanntesten sozialpsychologischen Untersuchungen überhaupt.

6.5.1   Die Milgram-Experimente

In seinen Studien (zusammengefasst in Milgram, 1993) kamen zwei Personen ins Labor, um an einer angeblichen Gedächtnisstudie teilzunehmen. Dabei war eine der beiden Personen ein Konföderierter des Versuchsleiters. Der tatsächlichen Versuchsperson wurde die Rolle eines Lehrers, dem Konföderierten die

Rolle eines Schülers zugeteilt. Der Lehrer musste dem Schüler
bei falschen Antworten vermeintliche Elektroschocks verabreichen. Die Schockintensität wurde nach jedem Fehler schrittwei-
se erhöht (von 15 bis 450 Volt). Umso stärker die Schocks wurden, desto mehr protestierte der Schüler; am Ende wimmerte
und ächzte er nur noch und ab 330 Volt gab es völlige Stille. Die
räumliche Anordnung im Standard-Paradigma ist in **Abbildung 6.3** dargestellt.

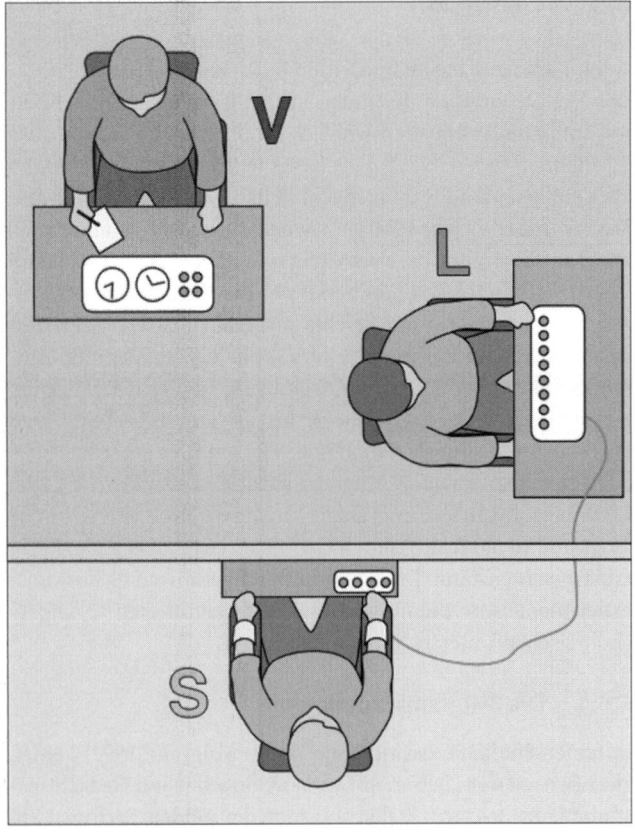

Abb. 6.3: Das Milgram-Standard-Paradigma
(V = Versuchsleiter, L = Lehrer, S = Schüler)

Bevor Milgram die Studie durchführte, befragte er Psychiater, bis zu welchen Schocks die Probanden wohl gehen würden. Von sich selbst dachten die Psychiater, dass keiner den Maximalwert von 450 Volt verabreichen würde. Von der Bevölkerung hätten sie erwartet, dass nur einer von Tausend den Maximalwert verabreichen würde. Tatsächlich jedoch gingen 65 Prozent der Probanden an das maximale Schock-Limit von 450 Volt. Ungefähr zwei Drittel verabreichten also Elektroschocks, die den Tod ihres Opfers hätten bedeuten können. (Tatsächlich wurden natürlich keine Elektroschocks vergeben und die Schmerzen wurden vom Konföderierten nur gespielt.) Geschlechtsunterschiede in der Rolle des Lehrers traten keine auf: Beide Geschlechter waren gleichermaßen gehorsam. (Frauen in der Rolle des Opfers wurden von Milgram nicht untersucht.)

Bedeutsam ist, dass das Ausleben von Aggression nicht das Verabreichen der Elektroschocks erklären kann. In einer Variation des Standardexperiments wurde den Versuchspersonen die zu verabreichende Schockhöhe freigestellt. Nur eine einzige Versuchsperson verabreichte den Maximalschock, die durchschnittlich gegebene Schockstufe betrug zwischen 75 und 90 Volt. In einer anderen Variation wurden die Anordnungen des Versuchsleiters nach der Instruktion per Telefon gegeben. Die Gehorsamsbereitschaft der Versuchspersonen nahm stark ab. Nur noch etwa 20 Prozent der Versuchspersonen verabreichten die höchste Schockstufe. Zudem mogelten einige Versuchspersonen, indem sie zwar mit dem Experiment fortfuhren, allerdings niedrigere Schocks verabreichten, als sie eigentlich hätten geben sollen. In einer weiteren Variation unterbrach der Versuchsleiter den Versuch bei Erreichen der 150 Volt-Stufe mit der Bemerkung, dass die Reaktionen des Schülers ungewöhnlich heftig seien und aufgrund eines Herzfehlers mit dem Experiment aufzuhören sei. Daraufhin entgegnete jedoch der Schüler, dass er trotz der Schmerzen unbedingt weitermachen möchte, da vor kurzem einer seiner Freunde bis zum Ende durchgehalten hätte und es nicht mit seiner Männlichkeit zu vereinbaren sei, vorab aufzuhören. Keine einzige Versuchsperson gab jedoch dem Drängen des Schülers nach. Alle hörten unmittelbar nach der Intervention des Versuchsleiters auf. Die Ergebnisse weiterer

Variationen des Standardexperiments sind in **Tabelle 6.1** aufgeführt (insgesamt 18 Experimente wurden von Milgram in seinem
Buch berichtet).

Tab. 6.1: Gehorsamsraten in Variationen des Milgram-Standardexperi-
ments (nach Milgram, 1974)

Variation	Ergebnis
Lehrer muss die Hand des Schülers auf eine Schockplatte drücken, damit ein Stromstoß zustande kommt	30 Prozent verabreichen maximale Schockhöhe
Der Schüler nimmt nur unter der Bedingung Teil, dass der Versuch zu jedem Zeitpunkt auf seinen Willen abgebrochen wird. Dennoch nimmt der Versuchsleiter ab 150 Volt auf die Proteste des Schülers keine Rücksicht und fordert den Lehrer auf, mit dem Experiment fortzufahren	40 Prozent verabreichen maximale Schockhöhe
Statt dem Versuchsleiter schlägt eine weitere Versuchsperson vor, die Schockhöhe systematisch zu erhöhen	20 Prozent verabreichen maximale Schockhöhe
Versuchsleiter in der Rolle des Schülers; ein Helfer gibt die Befehle	Beim ersten Protest des geschockten Versuchsleiters brechen alle Versuchspersonen trotz der Interventionen des Befehlenden den Versuch ab

Warum aber hätten die meisten Probanden ihren unschuldigen
Opfern potentiell tödliche Elektroschocks verabreicht? Viele der
Probanden gaben nach dem Experiment an, dass sie sich nicht
verantwortlich für ihr Handeln fühlten. Der Versuchsleiter gab
die Befehle, die von ihnen ausgeführt wurden. Daher war der
Versuchsleiter ihrer Ansicht nach für das Geschehen verantwortlich. Die meisten Probanden litten erheblich unter der Situation
und viele baten den Versuchsleiter, den Versuch abbrechen zu
dürften. Doch dem Gefühl, die Aufforderungen des Versuchsleiters entsprechen zu müssen, konnten sich die meisten Pro-

banden nicht entziehen. Als wichtigstes zugrundeliegendes Motiv, warum die Probanden die Elektroschocks verabreichten, kann also tatsächlich Gehorsam gegenüber Autoritäten ausgemacht werden. Zudem wurden die Schockstufen graduell gesteigert, so dass es umso schwerer fiel, einen einmal beschrittenen Handlungspfad zu verlassen.

Milgrams Ergebnisse wurden in vielen Ländern mit nahezu identischen Gehorsamsraten repliziert (unter anderem in München). Manche wenden gegen die Studien von Milgram ein, dass Gehorsam heutzutage weniger als Wert an sich angesehen wird und dass entsprechend deutlich niedrigere Gehorsamsraten zu erwarten seien. Dies hat sich allerdings nicht bewahrheitet. Burger (2009) führte eine Replikation der Milgram-Experimente durch. Und auch in dieser Studie fanden sich Gehorsamsraten vergleichbar mit denen bei Milgram.

Merke

► Die meisten Menschen leisten Befehle von Autoritäten Folge, auch wenn diese eindeutig den eigenen ethisch-moralischen Grundsätzen widersprechen. ◄◄

6.5.2   Für und wider Konformität und Gehorsam

Wenn man ausschließlich die Studien von Milgram betrachtet, würde man sicherlich zum Schluss kommen, dass Menschen sich weniger gehorsam verhalten sollten. Sicherlich ist blinder Gehorsam (und die abgeschwächte Form Konformität) gefährlich. Jedoch sollten Konformität und Gehorsam nicht nur negativ gesehen werden. Gesellschaften funktionieren nur in gewissem Maße, wenn ihre Mitglieder bestimmte Regeln befolgen. Der Straßenverkehr würde zusammenbrechen, wenn niemand an roten Ampeln halten würde; wir würden im Schmutz ersticken, wenn sich keiner mehr umweltbewusst verhalten würde. Konformität und Gehorsam sind also zunächst nicht negativ zu bewerten. Gefährlich wird es dann, wenn andere dadurch zu Schaden kommen.

Zusammenfassung

Sozialer Einfluss ist das Verändern von Gedanken, Emotionen
und Verhaltensweisen anderer Menschen. Menschen lassen sich
vor allem aus zwei Motiven heraus beeinflussen. Das Motiv, ein
richtiges Urteil zu treffen, wirkt insbesondere in Situationen, in
denen sich der Einflussempfänger hinsichtlich der Korrektheit
des eigenen Urteils unsicher ist und die Korrektheit ihm wichtig
ist. Dies wird als informationaler Einfluss bezeichnet. Das Motiv,
gemocht zu werden, wirkt in Situationen, in denen es dem Einflussempfänger unwichtig ist, ein korrektes Urteil abzugeben.
Dies wird als normativer Einfluss bezeichnet. Einflussstrategien,
die darauf basieren, dass mehrere Ersuchen mit unterschiedlichen Kosten für den Einflussempfänger gestellt werden, haben
sich als wirksam erwiesen. Eine willkürliche Rollenzuteilung in
Wärter und Gefangene wirkte sich dahingehend aus, dass ein
Verhalten entsprechend der jeweiligen Rolle gezeigt wurde. Eine
beträchtliche Anzahl an Probanden in den Asch-Studien folgte
einer Mehrheit, obwohl diese eine offenkundig falsche Meinung
äußerten. Auch Minderheiten sind in der Lage, sozialen Einfluss
auszuüben, wenn sie konsistent ihre Meinung vertreten. Sozialer
Einfluss, der den ethisch-moralischen Grundsätzen des Einfluss-
empfängers widerspricht, wurde von Milgram dokumentiert.
Die meisten seiner Probanden führten die Aufforderung einer
Autorität aus, leisteten also Gehorsam.

Literaturempfehlungen

Burger, J. M. (2009). Replicating Milgram. Would people still obey to-
    day? *American Psychologist, 64,* 1–11.
Cialdini, R. B. (2009). *Influence: Science and practice* (5. Aufl.). Boston:
    Allyn & Bacon.
Milgram, S. (1993). *Das Milgram Experiment. Zur Gehorsamsbereitschaft
    gegenüber Autorität.* Reinbeck: Rowohlt.
Moscovici, S. (1980). Towards a theory of conversion behavior. In L.
    Berkowitz (Hrsg.), *Advances in experimental social psychology* (Bd.
    13, S. 208–239). New York: Academic Press.
Zimbardo, P. G. (2007). *The Lucifer Effect: Understanding how good
    people turn evil.* New York: Random House.

Fragen zur Selbstüberprüfung

1. Diskutieren Sie die Wirkung informationalen und normativen Einflusses.

2. Erläutern Sie den Unterschied zwischen der Fuß-in-Tür-Technik und der Tür-im-Gesicht-Technik und erklären Sie, warum beide Techniken wirken.

3. Unter welchen Umständen ist Mehrheiteneinfluss Minderheiteneinfluss von der jeweiligen Wirkkraft überlegen? Unter welchen Umständen erzielen Minderheiten eine ähnliche Überzeugungskraft wie Mehrheiten?

4. Warum wirken Mehrheiten und Minderheiten? Diskutieren Sie Ein- und Zwei-Prozess-Modelle, die sich dieser Frage gewidmet haben.

5. Menschen scheinen auch heutzutage einen beträchtlichen Gehorsam gegenüber Autoritäten aufzuweisen. Wie erklären Sie sich dieses Phänomen insbesondere vor dem Hintergrund, dass Gehorsam als Wert an sich als kaum noch erstrebenswert erachtet wird?

7   Vorurteile

Inhalt
Vorurteile sind negative Einstellungen gegenüber Mitgliedern einer sozialen Gruppe. Die Bevorzugung der Eigengruppe tritt ganz offen auf, wird heutzutage aber vor allem sublimer gezeigt. Vorurteile entstehen, wenn soziale Gruppen um knappe Ressourcen streiten, treten aber auch auf, wenn die Unterscheidung zwischen Eigen- und Fremdgruppe offenbar wird. Vorurteile schaffen mittels einer sich selbst erfüllenden Prophezeiung ihre eigene Wirklichkeit und können durch Kontakt unter geeigneten Bedingungen gemindert werden.

An der Universität Innsbruck, an der der Autor dieses Buches lehrt, wurde vor kurzem an der medizinischen Universität eine Rektorenwahl durchgeführt. Der Senat der Universität hatte eine Professorin empfohlen, der Universitätsrat hatte dagegen beschlossen, einen Professor für das Amt zu bestellen. Die Kandidatin hatte gegen ihre Nichtberufung protestiert und das Verfahren wie folgt kommentiert: „Eine Frau wird eher Papst als in Innsbruck Rektor". Inwieweit Personen aufgrund ihrer *sozialen Gruppenzugehörigkeit* benachteiligt werden, ihnen gegenüber also Vorurteile bestehen, ist das Thema dieses Kapitels. Wir werden zunächst die Begriffe Stereotype, Vorurteile und Diskriminierung definieren, diskutieren dann Ursachen und Folgen für die betroffenen Personen und schließen das Kapitel mit einer Diskussion potentieller Gegenmaßnahmen.

7.1   Definitionen

Wir alle sind Mitglieder einer Vielzahl an sozialen Gruppen. Der Autor des Buches ist beispielsweise ein männlicher deutscher Universitätsprofessor, der Sozialpsychologie an einer Universität lehrt. Seine Eigengruppe besteht also unter anderem aus der Gruppe der Männer, der Deutschen, der Universitätsprofessoren und der Sozialpsychologen. Davon abgrenzen kann man für ihn verschiedene Fremdgruppen, wie die Gruppe der Frauen, der Nichtdeutschen, der Nichtuniversitätsprofessoren und der Nichtsozialpsychologen.

Definition
▶ Eigengruppe: Gruppe, zu der man sich zugehörig fühlt. Fremdgruppe: Gruppe außerhalb der Eigengruppe. ◀◀

Personen, die bestimmten sozialen Gruppen angehören, rufen generell eher positive Reaktionen anderer Eigengruppenmitglieder hervor. Leider wird nicht nur die Eigengruppe im Allgemeinen positiv wahrgenommen, sondern oftmals bestehen auch der Fremdgruppe gegenüber Vorbehalte, die als Vorurteile bezeichnet werden. Ein *Vorurteil* ist eine negative Einstellung gegenüber einer Fremdgruppe. Es beinhaltet, dass die Fremdgruppenmitglieder einen geringeren Status aufweisen als die der Eigengruppe. Über lange Jahre hinweg wurde beispielsweise Homosexualität als Krankheit angesehen, die es zu heilen gilt. Und nach wie vor werden gleichgeschlechtliche Ehen als minderwertig gegenüber einer gegengeschlechtlichen Ehe gesehen, was sich unter anderem darin spiegelt, dass in vielen westlichen Staaten gleichgeschlechtliche Ehen nicht erlaubt sind.

Definition
▶ Vorurteil: Negative Einstellung gegenüber einer Fremdgruppe. ◀◀

Oftmals bleibt es nicht nur bei einer negativen Einstellung gegenüber einer Person aufgrund ihrer sozialen Gruppenzugehörigkeit, sondern die Person sieht sich auch negativem Verhalten ausgesetzt. Diese Verhaltenskomponente von Vorurteilen wird als *Diskriminierung* bezeichnet. Bis in die 50er Jahre des letzten Jahrhunderts war es beispielsweise schwarzen US-Amerikanern nicht erlaubt, in öffentlichen Verkehrsmitteln die gleichen Sitzplätze einzunehmen wie die weißen Fahrgäste.

 **Definition**
▶ Diskriminierung: Negatives Verhalten gegenüber einer Person aufgrund ihrer sozialen Gruppenzugehörigkeit. ◀◀

Schließlich wird noch eine kognitive Komponente von Vorurteilen unterschieden. Diese werden als *Stereotype* bezeichnet und beschreiben das Phänomen, dass bestimmte Vorstellungen über Merkmale einer sozialen Gruppe existieren und diese Eigenschaften auf alle Mitglieder der Gruppe generalisiert werden. Von den Schwaben denkt man, dass diese sparsam sind. Wenn man nun einen Schwaben kennenlernt, geht man ohne Hinterfragen davon aus, dass dieser ebenfalls sehr auf das Geld schaut.

 **Definition**
▶ Stereotype: Jedem Mitglied einer Gruppe werden identische Merkmale zugewiesen. ◀◀

7.2   Formen von Vorurteilen

In den meisten westlichen Ländern ist Diskriminierung auf Basis des Geschlechts einer Person verboten. Dennoch verdienen Frauen oftmals deutlich weniger Geld für die gleiche Arbeit als Männer, und sie sind im Allgemeinen weitaus unterrepräsentiert in höheren Gremien z. B. eines Unternehmens. So sind gegenwärtig nur etwa zwei Prozent aller Vorstände der 30 DAX-Unternehmen Frauen. Und auch wenn Frauen es in eine Führungsposition gebracht haben, haben sie oftmals mit größeren Widerständen zu kämpfen als Männer. Frauen als Führungskräfte werden deutlich negativer bewertet als Männer, vor allem dann, wenn sie einen typisch maskulinen Führungsstil verkörpern (Eagly, Makhijani & Klonsky, 1992). Interessanterweise bevorzugen nicht nur Männer männliche Führungskräfte, sondern auch Frauen (Rudman & Kilianski, 2000).
   Eine offensichtliche Benachteiligung von Frauen gegenüber Männern ist dennoch heute weniger deutlich als früher. So war in der Bundesrepublik Deutschland bis 1977 gesetzlich geregelt, dass Frauen ihre Ehemänner um Erlaubnis fragen mussten, wenn sie

eine berufliche Tätigkeit ausüben wollten. Bis 1958 durfte der Mann das von seiner Frau in die Ehe eingebrachte Vermögen verwalten und allein über ihr Einkommen verfügen. Und auch dass Frauen wählen dürfen, war lange Zeit keine Selbstverständlichkeit: So führte die Schweiz erst 1971 das Frauenwahlrecht ein.

Auch die Situation von ethnischen Minderheiten hat sich in den letzten Jahren deutlich verbessert. Dennoch wirkt sich die Herkunft einer Person immer noch in unterschiedlichen Bereichen aus. Vor Gericht beispielsweise sollte zwar niemand aufgrund seiner Hautfarbe Vor- oder Nachteile besitzen, dennoch spielt die ethnische Herkunft einer Person eine beträchtliche Rolle in Strafzumessungen vor Gericht. So sind in den USA Schwarze weit überproportional Gefängnisinsassen. In Kalifornien stellen Schwarze sieben Prozent der Bevölkerung, in Gefängnissen sind dagegen 32 Prozent der Häftlinge schwarz. Zwei Drittel aller schwarzen Männer zwischen 18 und 30 Jahren sind zumindest einmal inhaftiert worden, und Schwarze werden eher zum Tod verurteilt als Weiße (insbesondere dann, wenn das Opfer weiß ist).

Diese Benachteiligung vor Gericht läuft oftmals sehr sublim ab. So konnten Hodson, Hooper, Dovidio und Gaertner (2005) nachweisen, dass Schwarze eher als Weiße als schuldig bezeichnet werden, dass diese Tendenz aber nur dann auftritt, wenn man als urteilende Person nicht als rassistisch wahrgenommen werden kann. In dieser Untersuchung erfuhren weiße Psychologiestudenten, dass entweder ein weißer oder schwarzer Angeklagter möglicherweise einen Raubüberfall begangen hat. Zumindest wies DNS-Evidenz auf die Schuld des Angeklagten hin. Diese Evidenz allerdings war entweder vor Gericht zulässig oder unzulässig (d. h., die Probanden wurden explizit darauf hingewiesen, die DNS-Analyse nicht zu beachten und in ihr Urteil einfließen zu lassen). Wenn die DNS-Evidenz nicht zulässig war, dann wurde der schwarze Angeklagte eher als schuldig bezeichnet als der weiße. Wenn die DNS-Evidenz dagegen zulässig war, dann wurde der weiße Angeklagte häufiger als schuldig bezeichnet als der schwarze (s. **Abb. 7.1**). Wenn man also gute Gründe anführen kann, warum eine Entscheidung als nicht-rassistisch aufgefasst werden kann, dann bevorzugt man nach wie vor die Eigengruppe.

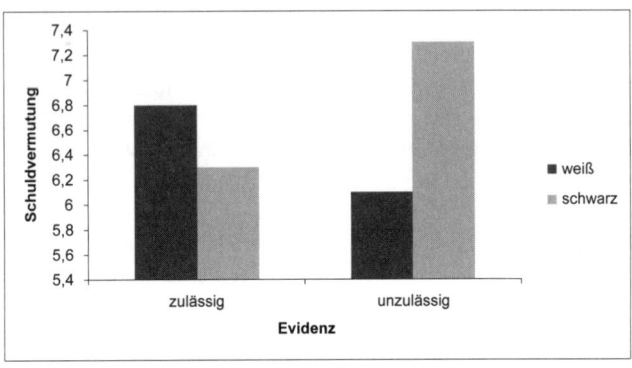

Abb. 7.1: Mittlere Schuldzuweisungen in Abhängigkeit von der Zuläs-
sigkeit der Evidenz sowie der Hautfarbe des Angeklagten
(nach Hodson et al., 2005)

7.3   Ursachen von Vorurteilen

7.3.1   Konflikte zwischen Gruppen

Vieles ist in unserem Alltagsleben ein Nullsummenspiel: Was
eine Person gewinnt, verliert die andere. Bei einem Eishockey-
spiel gewinnt die eine Mannschaft, die andere verliert. Als Sie
sich um Ihren Psychologiestudienplatz beworben haben, standen
Sie in Konkurrenz mit anderen, die ebenfalls Ihren Platz haben
wollten. Und da die Anzahl der Plätze stark limitiert ist, war Ihr
Glück das Unglück eines anderen Bewerbers, der nicht zum Zug
gekommen ist. Wenn man nun selbst auf der Verliererseite steht,
dann ist die Enttäuschung natürlich groß. Und die Enttäuschung
schlägt insbesondere dann in Ärger und Wut um, wenn man das
Gefühl hat, man kommt zu kurz, da jemand aus einer anderen
sozialen Gruppe bevorzugt wurde.

Beispiel
▶ Bleiben wir bei der Vergabe von Studienplätzen. Viele österreichische Universitäten beklagen sich über den Ansturm von
deutschen Studierenden an ihre Universitäten. So wird zum
einen darauf hingewiesen, dass der österreichische Steuerzahler

ausländischen Studierenden gratis deren Studienplätze zur Verfügung stellt. Zum anderen wird in manchen Fächern eine Aufnahmeprüfung durchgeführt, so dass manche österreichische Bewerber scheitern, ausländische Bewerber jedoch einen Platz bekommen, was zum Teil großes Unverständnis hervorruft. Die Schweiz, in der ebenfalls viele Deutsche studieren, hat Studiengebühren speziell für ausländische Studierende eingeführt. ◄◄

In Zeiten knapper Ressourcen (wie es leider fast immer der Fall zu sein scheint) sind Konflikte zwischen Gruppen fast voraussehbar. Die *Theorie der realistischen Gruppenkonflikte* weist entsprechend darauf hin, dass Vorurteile insbesondere dann auftreten, wenn verschiedene Gruppen inkompatible, konkurrierende Interessen aufweisen. Dies wurde erstmals empirisch in den berühmten Ferienlagerexperimenten von Muzafer Sherif aufgezeigt (Sherif, Harvey, White, Hood & Sherif, 1961). Sherif hatte Jungen im Alter von elf und zwölf Jahren in eine von zwei Gruppen eingeteilt und verschiedene Aufgaben bearbeiten lassen. Nach kürzester Zeit bildete sich eine starke Identifikation mit der jeweiligen Gruppe. Zudem kam es zu Feindseligkeiten zwischen den Gruppen, nachdem sie in Konkurrenz zu der jeweils anderen Gruppe getreten waren. So beschimpften die Jungen die Mitglieder der jeweils anderen Gruppe, verbrannte deren Flagge und verwüstete deren Kabine.

Merke
► Nach der Theorie der realistischen Gruppenkonflikte treten Vorurteile auf, wenn verschiedene soziale Gruppen um knappe Ressourcen streiten. ◄◄

Glücklicherweise konnte Sherif auch zeigen, wie man die negativen Reaktionen zwischen den Mitgliedern beider Gruppen wieder reduzieren konnte. Zunächst wurde untersucht, ob eine Zunahme an Kontakt zwischen den beiden Gruppen zur Konfliktreduktion führt. Dies war aber nicht der Fall. Erst als Aufgaben gestellt wurden, die die Gruppen nur gemeinsam bewältigen konnten, entspannte sich die Situation. Als gemeinsam die Wasserversorgung repariert werden musste (die zuvor unbe-

merkt von den Versuchsleitern beschädigt worden war), Geld
beider Gruppen eingesammelt wurde, um einen Film zu sehen
und ein Lastwagen aus einem Graben gehievt wurde, bildeten
sich sogar Freundschaften über die beiden Gruppen hinweg.

7.3.2 Kategorisierung in „Wir" und „Die"

Sind aber Konflikte zwischen Gruppen tatsächlich notwendig,
damit sich Vorurteile ausbilden? Menschen nehmen sich spontan als Angehörige verschiedener sozialer Gruppen wahr und
unterscheiden diese von anderen Personengruppen. Möglicherweise reicht allein die soziale Kategorisierung von Personen zu
sozialen Gruppen, dass man die eigene Gruppe der Fremdgruppe vorzieht. Dies ist eine der Kernannahmen der *Theorie der
sozialen Identität* (Tajfel & Turner, 1986).

> **Merke**
> ► Im Gegensatz zu der Theorie der realistischen Gruppen-
> konflikte postuliert die Theorie der sozialen Identität, dass Vor-
> urteile auch dann auftreten können, wenn kein Ressourcenkon-
> flikt vorliegt. ◄◄

Nach der Theorie der sozialen Identität haben Menschen ein
Bedürfnis, ein positives Selbstkonzept zu erreichen und aufrecht-
zuerhalten. Das Selbstkonzept definiert sich jedoch nicht nur
über individuelle Merkmale (*persönliche Identität*), sondern auch
über Gruppenmitgliedschaften (*soziale Identität*). Die persönliche Identität kann ich stärken durch gute Prüfungsleistungen
oder eigene Erfolge im Sport. Die soziale Identität kann mein
Selbstkonzept stärken, wenn ich stolz auf meine Mitgliedschaft
in einer sozialen Gruppe bin. Viele Finnen freuen sich sicherlich,
dass ihr Land in den PISA-Studien jedes Mal so erfolgreich ab-
schneidet – auch wenn sie selbst nicht an dem Test teilgenommen haben und somit zumindest nicht direkt an dem Erfolg
beteiligt waren. Auch der Sport kann der Ausbildung einer positiven sozialen Identität dienen. Während Deutsche sich oft über
Erfolge der Fußballnationalmannschaft freuen, sind Österreicher
und Schweizer stolz auf ihre Skifahrer. Empirisch zeigten Cial-

dini und Kollegen (1976), dass man durch eine Assoziation mit den Erfolgen der eigenen sozialen Gruppe den eigenen Selbstwert steigern kann. Wenn das eigene Team gewonnen hat, dann heißt es: „Wir haben gewonnen", während man sich von einer Niederlage distanziert mit: „Die haben verloren". Auch trugen Studierende nach siegreichen Footballspielen ihrer Universität viel häufiger Kleidung mit den Farben der Universität, als wenn ihr Team verloren hatte. Bei Fußballgroßereignissen ist Ähnliches in Deutschland zu beobachten: Viele Autofahrer fahren eine Deutschlandflagge spazieren. Ist die deutsche Mannschaft jedoch aus dem Turnier ausgeschieden, werden die Flaggen schnell wieder entfernt.

Nach der Theorie der sozialen Identität bevorzugen Personen also eigene soziale Gruppen gegenüber Fremdgruppen, um den eigenen Selbstwert zu stärken. Daraus kann man ableiten, dass ein bedrohter Selbstwert zu einer besonders starken Präferenz der eigenen Gruppe führen sollte und dass die Bevorzugung der eigenen Gruppe wiederum den eigenen Selbstwert steigert (s. **Abb. 7.2**).

Abb. 7.2: Zusammenhang zwischen dem Selbstwert einer Person und ihrer Vorurteile nach der Theorie der sozialen Identität

Diese beiden Vorhersagen wurden in einer Studie von Fein und Spencer (1997) getestet. Die Probanden bearbeiteten einen Intelligenztest und bekamen entweder eine positive oder eine negative Rückmeldung. Daraufhin wurde der Selbstwert der Probanden erfasst. Anschließend wurden den Probanden Informationen über eine Kandidatin gegeben, die sich für eine Arbeitsstelle beworben hatte. Diese Kandidatin war entweder jüdischer (Julie Goldberg) oder italienischer (Marie D'Agostino) Herkunft. In einem Vortest zeigte sich, dass unter den Studierenden, die an der Studie teilnahmen, negative Stimmungen gegenüber jüdischen Personen vorherrschten. Die Probanden sollten die Kandidatin bewerten, und danach wurde erneut ihr Selbstwert erfasst. Es stellte sich heraus, dass die Probanden, deren Selbstwert durch die negative Rückmeldung bedroht wurde, die jüdische Kandidatin negativer beurteilten als die italienische Kandidatin. Die Probanden dagegen, die eine positive Rückmeldung erhielten, bewerteten die jüdische und die italienische Kandidatin gleichermaßen gut. Zudem wiesen die Probanden, die eine negative Rückmeldung erhielten und die die jüdische Kandidatin bewerteten, den größten Zuwachs an Selbstwert auf. Durch die Herabwürdigung einer Person aus einer Fremdgruppe kann man offensichtlich den eigenen bedrohten Selbstwert verbessern.

7.4 Folgen der Stereotypisierung für die betroffene Person

Wie geht es einem, wenn man zu einer im Allgemeinen benachteiligten Gruppe gehört? Erstaunlich gut. So ist beispielsweise der Selbstwert von schwarzen Amerikanern höher als der von weißen (Twenge & Crocker, 2002). Dies wird unter anderem dadurch erklärt, dass man als Angehöriger einer Minderheit negatives Verhalten einem selbst gegenüber mit Vorurteilen seitens der anderen Person erklären und dadurch den eigenen Selbstwert schützen kann.

Nur, wie verhält man sich, wenn man das Ziel von Stereotypen ist? Verschiedene Studien legen nahe, dass man sich oftmals in Übereinstimmung mit einem Stereotyp verhält. Dies wird ausgelöst durch das Verhalten anderer sowie durch das bloße Bewusstsein des Stereotypeninhalts.

7.4.1 Bestätigung der Stereotype

Word und Kollegen (1974) haben demonstriert, wie sich Stereotype gegenüber schwarzen Personen ihre eigene Wirklichkeit schaffen können. In einer ersten Studie stellte sich heraus, dass weiße gegenüber schwarzen Bewerbern in einem simulierten Jobinterview von weißen Probanden bevorzugt behandelt wurden. So saßen die Interviewer näher bei ihrem weißen Gesprächspartner und nahmen sich mehr Zeit für das Interview als bei einem schwarzen Gesprächspartner. Die Bewerber wurden von unabhängigen Beobachtern beurteilt. Diese Beurteilungen ergaben, dass die schwarzen Bewerber als unsicherer und weniger kompetent eingeschätzt wurden als die weißen Bewerber. Lag das unsichere Verhalten des schwarzen Bewerbers im Vergleich zum weißen tatsächlich am unterschiedlichen Gesprächsstil der Probanden? Ja. In einer zweiten Studie wurden die Probanden instruiert, ihre Gesprächspartner im gleichen Stil wie entweder die schwarzen oder die weißen Bewerber aus der ersten Studie zu interviewen. An dieser Studie nahmen ausschließlich weiße Probanden teil. Es zeigte sich, dass die Bewerber negativer beurteilt wurden, deren Gesprächspartner instruiert war, sie wie einen schwarzen Bewerber zu interviewen.

7.4.2   Bedrohung durch Stereotype

Den meisten Mitgliedern benachteiligter sozialer Gruppen ist die Wahrnehmung ihrer Gruppe bewusst. So wissen schwarze Amerikaner, dass ihre Gruppe als akademisch leistungsschwach gesehen wird, oder Frauen, dass sie als mathematisch weniger befähigt wahrgenommen werden als Männer. Und auch wenn sie das Stereotyp selbst nicht teilen, liegt es wie eine Bedrohung über ihnen in der Luft. Zumindest argumentiert Claude Steele (1997), dass Mitglieder einer sozialen Gruppe Angst haben, ihr Verhalten könnte ein negatives Stereotyp gegen ihre Gruppe bestätigen. Wenn schwarze Amerikaner einen Leistungstest oder Frauen mathematische Aufgaben bearbeiten, dann mag immer eine gewisse Angst mitschwingen, ein negatives Testergebnis könnte ein negatives Bild über die gesamte eigene soziale Gruppe bestätigen. Diese Angst wiederum sollte sich leistungsmindernd auswirken, so dass im Sinne einer sich selbst erfüllenden Prophezeiung die Angst das Verhalten im Sinne des Vorurteils beeinflusst.

Merke

▶ Bedrohung durch Stereotype: Das Bewusstsein der Stereotype über die soziale Gruppe löst in Testsituationen die Angst aus, das eigene Verhalten könnte dieses Stereotyp bestätigen. Diese Angst wiederum kann wie eine sich selbst erfüllende Prophezeiung wirken, indem sie die Leistung beeinträchtigt und somit das Stereotyp bestätigt. ◄◄

In einer Studie baten Steele und Aronson (1995) weiße und schwarze Studenten einer US-Eliteuniversität, schwierige verbale Aufgaben zu bearbeiten. Den Probanden wurde entweder mitgeteilt, die Aufgaben seien diagnostisch oder nicht diagnostisch für die Beurteilung des Intelligenzquotienten einer Person. Steele und Aronson gingen davon aus, dass die angeblich diagnostischen Aufgaben bedrohlich im Sinne des Stereotyps wirken könnten, während die nicht diagnostischen Aufgaben keine Bedrohung dahingehend aufweisen, dass man ein Stereotyp bestätigen kann. Tatsächlich lösten die schwarzen Probanden weniger Aufgaben richtig als die weißen Probanden, wenn die Aufgaben als diagnostisch relevant dargestellt wurden. Wenn sie dagegen als diagnostisch nicht bedeutsam dargestellt wurden, unterschied sich die Leistung der schwarzen und weißen Probanden nicht voneinander.

Dieser Effekt, dass die Angst vor einem negativen Stereotyp über die eigene soziale Gruppe sich mindernd auf die Leistungsfähigkeit auswirkt, wurde in einer Vielzahl an Studien repliziert. So wurde in einer Untersuchung manchen männlichen und weiblichen Studierenden mitgeteilt, in früheren Tests seien Geschlechtsunterschiede bei der Bearbeitung mathematischer Aufgaben aufgetreten. Andere Probanden erfuhren, dass in den Aufgaben keine Geschlechtsunterschiede zu finden seien. Unter der ersten Bedingung lösten Frauen weniger mathematische Aufgaben richtig als Männer, während unter der zweiten Bedingung beide Geschlechter gleich gut abschnitten (Spencer, Steele & Quinn, 1999).

Bei der Bedrohung durch Stereotype ist immer entscheidend, welcher Teil der Identität gerade im Vordergrund steht. Asiatische Frauen wissen beispielsweise um das Stereotyp, dass Asiaten als besonders befähigt bei mathematischen Aufgaben wahrgenommen werden, wohingegen Frauen als weniger qualifiziert gelten (Shih, Pittinsky & Ambady, 1999). Wenn die ethnische

Zugehörigkeit betont wird, schneiden asiatische Frauen tatsächlich besser ab, wogegen sie schlechter abschneiden, wenn sie auf ihre Geschlechtsidentität aufmerksam gemacht werden (jeweils gegenüber einer Kontrollgruppe).

Es gibt einige Ansätze, wie man effektiv die Bedrohung durch Stereotype minimieren kann. Für die Leserinnen dieses Buchs ist der Befund einer Studie von Johns, Schmader und Martens (2005) besonders beruhigend: Frauen, die über die Bedrohung durch Stereotype aufgeklärt wurden, schnitten bei der Bearbeitung mathematischer Aufgaben nicht schlechter ab als Männer. (Frauen, die keine Informationen erhielten, dagegen schon.)

7.5   Gegenmaßnahmen

Kontakt zwischen Eigen- und Fremdgruppe

Eine effektive Maßnahme zur Reduzierung von Vorurteilen haben wir bereits in der Untersuchung von Sherif kennengelernt: Das Verfolgen gemeinsamer Ziele verhilft dazu, dass die Grenzen zwischen den Gruppen zerfließen. Die Studien von Sherif ergaben zudem, dass allein der Kontakt zwischen den Mitgliedern der verschiedenen Gruppen Vorurteile nicht reduziert. Auch Allport (1954a) wies darauf hin, dass Kontakt zwischen den Mitgliedern unterschiedlicher sozialer Gruppen nur unter geeigneten Bedingungen zum Abbau von Diskriminierung und zur Verbesserung der Beziehungen zwischen diesen Gruppen beiträgt. Tatsächlich nahmen, nachdem die Rassentrennung in den USA gerichtlich aufgehoben wurde, Vorurteile von Weißen gegenüber Schwarzen zu und nicht ab. Stephan (1986) erfasste alle Studien, die während und nach der Aufhebung der Rassentrennung durchgeführt wurden, und ermittelte, ob die Vorurteile von Weißen gegenüber Schwarzen zurückgingen, gleichblieben oder zunahmen. In **Tabelle 7.1** sind seine Ergebnisse wiedergegeben.

Tab. 7.1: Veränderung von Vorurteilen als Folge der Aufhebung der Rassentrennung (nach Stephan, 1986)

Vorurteile	Prozent Studien
Vermindert	13
Gleich	34
Gesteigert	53

Geeignete Bedingungen für einen Kontakt zwischen den Mitgliedern verschiedener sozialer Gruppen sind:

- gleicher Status der Gruppen
- gemeinsame Ziele
- zwangloser interpersoneller Kontakt
- soziale Normen von Gleichheit

Unter diesen Bedingungen führt Kontakt zu einem größeren Wissen über die Fremdgruppe, vermindert Ängste vor Kontakt mit Mitgliedern der Fremdgruppe und fördert Mitgefühl und Perspektivenübernahme gegenüber der Fremdgruppe (Pettigrew & Tropp, 2006).

Manche Kritiker der Kontakthypothese haben angemerkt, dass Kontakt bei Personen, die wenig Vorurteile gegenüber Mitgliedern einer Fremdgruppe aufweisen, wirkt, nicht aber bei Personen, die in besonderem Maße zu Vorurteilen neigen. Dies ist aber nicht der Fall. Im Gegenteil: Gerade bei den Personen, die negativ gegenüber einer Fremdgruppe eingestellt sind, verbessert Kontakt ihre Einstellung gegenüber der Fremdgruppe (Hodson, 2011). Kontakt unter geeigneten Bedingungen wirkt also gerade bei denen, bei denen es am meisten wünschenswert ist. Wichtig ist daher, dass man Personen mit negativen Einstellungen gegenüber einer Fremdgruppe zu Kontakt mit Fremdgruppenmitgliedern animiert, da gerade diese dazu tendieren, Kontakt zu vermeiden.

Interessanterweise fördert nicht nur direkter Kontakt mit dem Mitglied einer Fremdgruppe Akzeptanz und Verständnis zwischen Gruppen, sondern auch das Wissen, dass Mitglieder der Eigengruppe Kontakt mit Mitgliedern der Fremdgruppe haben. Dies wird als indirekter Kontakt bezeichnet (Pettigrew, 1998).

Merke
▶ Direkter und indirekter Kontakt unter geeigneten Bedingungen zwischen Mitgliedern sozialer Gruppen mindern Vorurteile. ◀◀

Selbstwertbestätigung

Oben hatten wir gesehen, dass basierend auf der Theorie der sozialen Identität Probanden in einer Untersuchung von Fein und Spencer (1997) eine Fremdgruppe abwerteten, um den eigenen Selbstwert aufzuwerten. Wenn jedoch der Selbstwert anderweitig gestärkt wurde, dann ist möglicherweise kein Bedarf mehr vonnöten, die Fremdgruppe abzuwerten. Fein und Spencer testeten diese Vorhersage in einer weiteren Studie. Probanden wurden dabei entweder in ihrem Selbstwert bestätigt oder nicht. Anschließend bewerteten sie wieder eine jüdische oder italienische Stellenbewerberin. Wenn der Selbstwert nicht bestätigt wurde, wurde die jüdische Kandidatin negativer beurteilt als die italienische Kandidatin. Wenn der Selbstwert jedoch bestätigt wurde, wurden beide Kandidatinnen gleichermaßen positiv beurteilt. Ein bedrohter Selbstwert fördert demnach Vorurteile, ein gestärkter Selbstwert dagegen mindert sie.

Zusammenfassung

Wir alle sind Mitglieder bestimmter sozialer Gruppen, sogenannter Eigengruppen. Davon abgrenzen kann man Fremdgruppen: Gruppen, zu denen wir uns nicht zugehörig fühlen. Die negative Einstellung gegenüber den Mitgliedern einer Fremdgruppe wird als Vorurteil bezeichnet. Diskriminierung stellt das Bevorzugen der Eigengruppe gegenüber der Fremdgruppe auf der Verhaltensebene dar. Ein Stereotyp ist die Zuschreibung identischer Eigenschaften gegenüber jedem Mitglied einer sozialen Gruppe. Fremdgruppen wurden früher ganz offen benachteiligt. Heutzutage wird die Eigengruppe versteckter bevorzugt. Vorurteile entstehen, wenn Mitglieder unterschiedlicher sozialer Gruppen Bedürfnisse haben, die sich gegenseitig ausschließen. Jedoch führt allein die Kategorisierung von Personen in Eigengruppen- und Fremdgruppenmit-

gliedern zu der Bevorzugung der Eigengruppenmitglieder. Diese
Bevorzugung der Eigengruppenmitglieder (und Benachteiligung
der Fremdgruppenmitglieder) führt zu einer Steigerung des Selbstwerts. Vorurteile sind den meisten Mitgliedern einer sozialen
Gruppe bewusst. Auch wenn sie dieses Vorurteil nicht teilen, kann
allein das Wissen über das Stereotyp dazu führen, dass es sich
mittels einer sich selbst erfüllenden Prophezeiung bewahrheitet.
Vorurteile können durch direkten und indirekten Kontakt zwischen Mitgliedern verschiedener sozialen Gruppen unter geeigneten Bedingungen abgebaut werden. Eine Stärkung des Selbstwerts führt ebenso zu einer Minderung von Vorurteilen.

Literaturempfehlungen

Brown, R. J. (2010) *Prejudice: Its social psychology* (2. Aufl.). Oxford:
   Wiley-Blackwell.
Fein, S. & Spencer, S. J. (1997). Prejudice as self-image maintenance:
   Affirming the self through derogating others. *Journal of Personality
   and Social Psychology, 73,* 31–44.
Pettigrew, T. F. & Tropp, L. M. (2011). *When groups meet: The dynamics
   of intergroup contact.* Philadelphia, PA: Psychology Press.
Steele, C. M. (1997). A threat in the air: How stereotypes shape the intellectual identities and performance of women and African-Ame-
   ricans. *American Psychologist, 52,* 613–629.
Tajfel, H. & Turner, J. C. (2004). An integrative theory of intergroup
   conflict. In M. J. Hatch & M. Schultz (Hrsg.), *Organizational identity: A reader* (S. 56–65). New York: Oxford: Oxford University Press.

Fragen zur Selbstüberprüfung

1. Unterscheiden Sie Eigengruppen von Fremdgruppen.
2. Unterscheiden Sie Vorurteile von Diskriminierung und
   Stereotypen.
3. Wie erklärt die Theorie der realistischen Gruppenkonflikte das Auftreten von Vorurteilen? Wie erklärt dieses die
   Theorie der sozialen Identität?
4. Warum haben Mitglieder sozialer Minderheiten, die Vorurteilen ausgesetzt sind, keinen verringerten Selbstwert?
5. Wie kann das Wissen über ein Stereotyp dazu führen, dass
   sich das Stereotyp selbst bewahrheitet?
6. Unter welchen Bedingungen mindert Kontakt das Auftreten von Vorurteilen?

8 Gruppen

Inhalt

Wie gut sind Leistungen und Entscheidungen in Gruppen? Individuelle Leistungen bei einfachen Aufgaben sind bei der Anwesenheit anderer besser, bei schwierigen Aufgaben werden sie durch die Anwesenheit anderer beeinträchtigt. In der Zusammenarbeit mit anderen mindern Koordinations- und Motivationsverluste die Leistung einzelner Gruppenmitglieder. Die Gruppe als Ganzes erreicht nur selten ihr Potential, und auch Entscheidungen in Gruppen sind zumeist suboptimal.

Wenn Entscheidungen wirklich wichtig sind, dann verlässt man sich nur selten auf die Meinung einer einzelnen Person, sondern zieht Gruppen zur Entscheidungsfindung heran. Die dahinterstehende Annahme ist, dass in Gruppen Wissen, Erfahrungen und Informationen mehrerer Personen zusammengeführt und genutzt werden können, so dass insgesamt bessere Entscheidungen getroffen werden können. Nur, wie gut sind Entscheidungen in Gruppen tatsächlich? In diesem Kapitel behandeln wir die Leistungs- und Entscheidungsfähigkeit von Gruppen und besprechen, wie sich die Anwesenheit anderer Personen auf individuelle Leistungen auswirkt und wie die Leistung Einzelner in der Gruppenarbeit zu bewerten ist.

8.1 Individuelle Leistung in Anwesenheit anderer

Eine der ersten empirischen Untersuchungen der modernen Sozialpsychologie behandelte die Frage, ob sich die Anwesenheit anderer förderlich oder hemmend auf die individuelle Leistung auswirkt (Triplett, 1898). Triplett machte die Beobachtung, dass

Radrennfahrer im Team schneller fahren als allein. Tatsächlich fand er in einer kontrollierten experimentellen Studie, dass ein Kind einfache Aufgaben schneller erledigt, wenn ein anderes Kind anwesend ist, als wenn es allein ist.

Merke
► Soziale Erleichterung: Die bloße Anwesenheit anderer fördert individuelle Leistungen. ◄◄

In nachfolgenden Studien wurde dieser Befund mehrfach repliziert, und er zeigte sich nicht nur bei Menschen, sondern war auch im Tierreich (z. B. bei Affen, Ameisen und Kakerlaken) nachweisbar. Zudem spielte es keine Rolle, ob die anwesenden Anderen selbst die gleiche Aufgabe bearbeiteten oder reine Zuschauer waren. Allerdings ergaben andere Studien, dass die Anwesenheit anderer die individuelle Leistung nicht nur nicht fördert, sondern sie sogar hemmt.

Merke
► Soziale Hemmung: Die bloße Anwesenheit anderer mindert individuelle Leistungen. ◄◄

Über Jahrzehnte hinweg blieb unklar, unter welchen Umständen dies der Fall ist. Erst 1965 entdeckte Robert Zajonc, dass der *Schwierigkeitsgrad* der Aufgabe bestimmt, ob sich die Anwesenheit anderer förderlich oder hemmend auf die gezeigte Leistung auswirkt. Bei einfachen, gut gelernten Aufgaben ist die Anwesenheit anderer förderlich, bei komplexen, neuartigen Aufgaben ist sie hinderlich.

Beispiel
► Michaels, Blommel, Brocato, Linkous und Rowe (1982) untersuchten diese Gesetzmäßigkeit, indem sie geübte und ungeübte Billardspieler entweder allein oder in Anwesenheit von vier Beobachtern Poolbillard spielen ließen. Während die geübten Spieler, für die das Spiel eher eine einfache Aufgabe bedeutete, von der Anwesenheit der Beobachter profitierten, sank die Leistung der ungeübten Spieler. ◄◄

Warum fördert die Anwesenheit anderer die Leistung bei einfachen Aufgaben und warum mindert sie sie bei schwierigen Aufgaben? Die Anwesenheit anderer erzeugt im Allgemeinen eine erhöhte emotionale Erregung. Erregung wiederum führt dazu, dass man bevorzugt dominante Reaktionen (Reaktionen, die im Verhaltensrepertoire eines Individuums Vorrang haben) ausübt. Bei einfachen Aufgaben wird man sich zumeist spontan für die richtige Lösung entscheiden, wohingegen bei schwierigen Aufgaben die intuitiv gewählte Alternative oftmals verkehrt ist. Da also die dominante Reaktion bei einfachen Aufgaben zumeist richtig, bei schwierigen Aufgaben jedoch zumeist falsch ist, ist die Anwesenheit anderer bei einfachen Aufgaben leistungsförderlich, bei schwierigen Aufgaben dagegen leistungsmindernd.

Merke
▶ Die Anwesenheit anderer Menschen fördert die gezeigte Leistung bei einfachen Aufgaben und senkt sie bei schwierigen Aufgaben. ◀◀

8.2 Leistung Einzelner in Gruppen

Beispiel
▶ Sie sind Mitglied einer Vier-Personen-Gruppe, die eine Seminararbeit erstellen soll. Woche für Woche vergeht, doch ihre Gruppe kommt nicht voran. Zum Teil liegt das daran, dass aufgrund ihrer vollen Terminkalender es sich als schwierig herausgestellt hat, einen Termin zu finden, an dem sich alle treffen können. Zudem haben Sie bei Ihren Mitstudierenden das Gefühl, dass diese mehr leisten könnten, wenn sie nur wollten. Daraufhin sprechen Sie Ihre Mitstudierenden auf Ihre Beobachtung hin an. Die erste Person lässt anklingen, dass vier Personen mehr als genug seien, so dass ihr eigener Beitrag entbehrlich sei. Eine zweite Person sagt es zwar nicht deutlich, doch Sie haben das Gefühl, dass sie wenig Arbeit investieren möchte, da sie vom Seminarleiter keine gesonderte Note für ihren Beitrag bekommt. Bei der dritten Person hören Sie heraus, dass sie Angst davor hat,

sich durch etwas lächerlich zu machen, was sie in der Gruppe sagt. Bei Ihnen selbst schließlich beobachten Sie, dass Sie ebenfalls mehr für die Seminararbeit beitragen könnten. Da Sie jedoch die anderen als wenig produktiv wahrgenommen haben, haben Sie Ihre eigenen Anstrengungen aus der Angst heraus reduziert, ausgenutzt zu werden. ◄◄

Wie dieses Beispiel nahelegt, leisten Personen in der Gruppe im Allgemeinen weniger, als wenn sie allein arbeiten würden. Dieses Phänomen der geringen Leistung von Individuen im Gruppenkontext wird im Allgemeinen auf Koordinations- und Motivationsverluste zurückgeführt (Hill, 1982).

8.2.1 Koordinationsverluste

Koordinationsverluste entstehen, wenn Gruppenmitglieder nicht in der Lage sind, ihre individuellen Beiträge optimal in das Gruppenergebnis einzubringen. Ein typisches Beispiel für das Auftreten von Koordinationsverlusten sind Gruppendiskussionen. Gruppendiskussionen werden häufig von einigen wenigen dominiert. Während andere Gruppenmitglieder sprechen, kommt man selbst nicht dazu, eigene Ideen zu äußern, die man zum Teil im Laufe der Diskussion wieder vergisst und so nicht in die Gruppe einbringen kann. Zudem können, wie im Eingangsbeispiel beschrieben, Terminprobleme eine erfolgreiche Gruppenarbeit erschweren.

8.2.2 Motivationsverluste

Bei einer kollektiven Bearbeitung von Aufgaben empfinden die einzelnen Gruppenmitglieder oftmals einen geringen Zusammenhang zwischen ihrer eigenen Anstrengung und dem Gesamterfolg der Gruppe. Zudem ist der individuelle Anreiz, sich im Gruppenkontext anzustrengen, zumeist nicht hoch. Aus diesen Gründen ist die individuelle Anstrengungsbereitschaft in einem Gruppenkontext niedriger, als wenn man die gleiche Aufgabe allein bearbeiten würde. Gängige Motivationsverluste sind Trittbrettfahrer-Effekte, das Soziale Faulenzen, Bewertungsängste sowie der Gimpel-Effekt.

Trittbrettfahrer-Effekt

Trittbrettfahrer-Effekte treten aufgrund einer höheren Entbehr-
lichkeit der individuellen Beiträge im Gruppenkontext auf.

Soziales Faulenzen

Individuelle Anstrengungen werden bei der Arbeit in Gruppen
reduziert, da der eigene Beitrag als nicht identifizierbar wahrgenommen wird.

Bewertungsängste

Die Sorge einzelner Gruppenmitglieder, dass ihre Beiträge von
den anderen Mitgliedern negativ beurteilt werden, führt dazu,
dass man eigene Beiträge zurückhält.

Gimpel-Effekt

Gruppenmitglieder, die eine geringe Anstrengung anderer Gruppenmitglieder wahrnehmen, vermindern ihre eigenen Anstrengungen. Es wird nicht nur das Verhalten der anderen Mitglieder
nachgeahmt. Tatsächlich mindert das empfundene Unrechtsge-
fühl die eigene Anstrengungsbereitschaft.

Motivationsverluste beeinträchtigen in starkem Maße die
Leistungen Einzelner in einem Gruppenkontext. Daher sollte
man unbedingt darauf achten, Bedingungen zu schaffen, unter
denen Motivationsverluste seltener auftreten. Dies ist beispielsweise dann der Fall, wenn die Identifizierbarkeit, die Unentbehr-
lichkeit sowie die Bewertungsmöglichkeit der individuellen
Beiträge erhöht wird (Shepperd, 1993).

8.2.3 Motivationsgewinne

Im Gruppenkontext treten allerdings nicht nur Koordinations-
und Motivationsverluste auf, es kann auch zu Prozessgewinnen
kommen. Während Koordinationsgewinne bisher nicht nachgewiesen werden konnten, sind zwei Motivationsgewinne in der
einschlägigen Literatur gut dokumentiert, und zwar der *Köhler-
Effekt* sowie die *Soziale Kompensation*.

Definition
▶ Der Köhler-Effekt besagt, dass sich bei einer geringen Differenz der individuellen Leistungsstärke der einzelnen Gruppenmitglieder insbesondere die leistungsschwächeren Individuen anstrengen. ◄◄

Definition
▶ Soziale Kompensation stellt ebenfalls eine erhöhte Anstrengungsbereitschaft im kollektiven Kontext gegenüber einer individuellen Aufgabenbearbeitung dar. Hier jedoch steigert das Gruppenmitglied mit höherer Leistungsfähigkeit die eigenen Anstrengungen, um die niedrigere Leistungsfähigkeit der anderen Mitglieder auszugleichen. Dieser Effekt tritt allerdings nur bei subjektiv bedeutsamen Aufgaben auf. ◄◄

8.3 Gruppenleistung

Im Allgemeinen wird davon ausgegangen, dass Gruppen bessere Leistungen erbringen als Individuen. Betrachten wir das Seilziehen: In einer frühen Studie von Ringelmann (1913) wurde das gezogene Gewicht von Einzelpersonen und Gruppen von sieben und von vierzehn Personen erfasst. Die Einzelpersonen zogen im Durchschnitt etwa 85 Kilogramm, die Sieben-Personen-Gruppen zogen im Durchschnitt etwa 455 Kilogramm, und die Vierzehn-Personen-Gruppen zogen im Durchschnitt etwa 860 Kilogramm. Auf dem ersten Blick sind die Gruppen eindeutig den Einzelpersonen überlegen. Zudem sind größere Gruppen leistungsstärker als kleinere. Wenn man jedoch das durchschnittliche gezogene Gewicht pro Person betrachtet, zeigt sich, dass die einzelnen Mitglieder in den Sieben-Personen-Gruppen im Durchschnitt etwa 65 Kilogramm zogen und die einzelnen in den Vierzehn-Personen-Gruppen etwa 61 Kilogramm (was deutlich niedriger ist als die 85 Kilogramm der Einzelpersonen).

Zwar ist also in vielen Fällen eine Gruppenleistung besser als die entsprechende Individualleistung, doch erreicht eine Gruppe selten die Gesamtleistung , die man erreichen könnte, wenn man die Teilleistungen der Gruppenmitglieder, die diese indivi-

duell erbringen, in geeigneter Weise kombinieren würde (sogenanntes *Gruppenpotential*).

Definition
▶ Das Gruppenpotential erhält man, wenn die Teilleistungen der einzelnen Mitglieder in optimaler Weise kombiniert
werden. ◀◀

Synergieeffekte in Gruppen, bei denen die Gruppe mehr leistet
als die Summe ihrer Teile, treten leider fast nie auf. Im oben
genannten Seilziehen-Beispiel hätten die Sieben-Personen-
Gruppen mehr als 7 * 85 (also 595) Kilogramm ziehen müssen,
damit sie ihr Gruppenpotential auf Basis der individuellen Leistungsfähigkeit übertreffen. Der tatsächliche Wert von 455 Kilogramm liegt weit davon entfernt, und in den Vierzehn-Personen-
Gruppen ist das Gruppenpotential sogar noch weiter
unterschritten (s. **Abb. 8.1**).

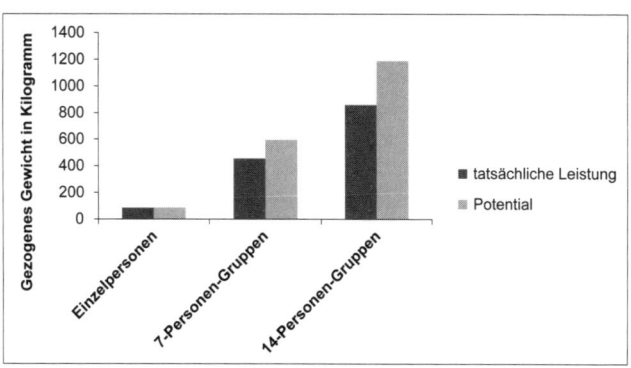

Abb. 8.1: Tatsächliche Leistung sowie das jeweilige Potential der Einzelpersonen, Sieben-Personen-Gruppen und Vierzehn-Personen-Gruppen (nach Ringelmann, 1913)

Beim Seilziehen ist allerdings zu beachten, dass die einzelnen
Gruppenmitglieder kaum *inter*agieren, sondern mehr oder weniger *neben*einander agieren. Möglicherweise schöpfen Gruppen
ihr Potential besser aus bei Aufgaben, bei denen man sich ge-

genseitig stimuliert. Als Paradebeispiel für solch eine Aufgabe gilt das *Brainstorming*. Beim Brainstorming sammelt ein Team möglichst viele Lösungsansätze für ein bestimmtes Problem. Gruppen sollten nach Meinung des Erfinders der Brainstorming-Methode, Alex Osborn, besser sein als Individuen, da man nur im Gruppenkontext Ideen anderer Mitglieder aufgreifen, kombinieren und weiterentwickeln kann. Nur, wie gut sind Brainstorming-Gruppen, wenn man sie mit ihrem Gruppenpotential vergleicht?

Dieser Frage gingen Diehl und Stroebe (1987) nach. In ihrer Untersuchung sollten Probanden entweder allein oder in einer Gruppe zu viert Ideen generieren, wie man die Beziehung zwischen Deutschen und Gastarbeitern verbessern könnte. Die Ideen wurden anschließend ausgezählt und die Anzahl nichtredundanter Ideen wurde bestimmt. Zudem wurde die Anzahl der guten Ideen ermittelt. Daraufhin wurden die interagierenden Gruppen verglichen mit sogenannten *Nominalgruppen* (hier: eine Gruppe von vier einzeln arbeitenden Probanden). Es stellte sich heraus, dass die interagierenden Gruppen im Durchschnitt 27 Ideen generierten, die nominalen Gruppen jedoch 74. Die tatsächliche Gruppenleistung übersteigt also nicht das Gruppenpotential, ganz im Gegenteil. Möglicherweise generieren die interagierenden Gruppen weniger Ideen, sondern hauptsächlich gute Ideen. Aber auch dies ist nicht der Fall. Im Durchschnitt kamen die interagierenden Gruppen auf drei gute und die nominalen Gruppen auf acht gute Ideen (s. **Abb. 8.2**).

Warum sind Gruppen nicht in der Lage, ihr Potential auszuschöpfen? Zum einen treten die oben genannten Motivationsverluste wie Soziales Faulenzen und Trittbrettfahren auf. Zum anderen mindern Koordinationsverluste die Gruppenleistung. Im Beispiel des Brainstormings sollte man daher darauf achten, dass die einzelnen individuellen Beiträge als wichtig und identifizierbar wahrgenommen werden. Zudem ist die Verwendung elektronischer Hilfsmittel empfehlenswert, bei denen Gruppenmitglieder ihre Ideen aufschreiben und diese allen anderen Teilnehmern angezeigt werden. Dadurch gehen keine Ideen verloren, auch zurückhaltende und nicht nur forsche Mitglieder bringen ihre Ideen ein, und die einzelnen Gruppenmitglieder

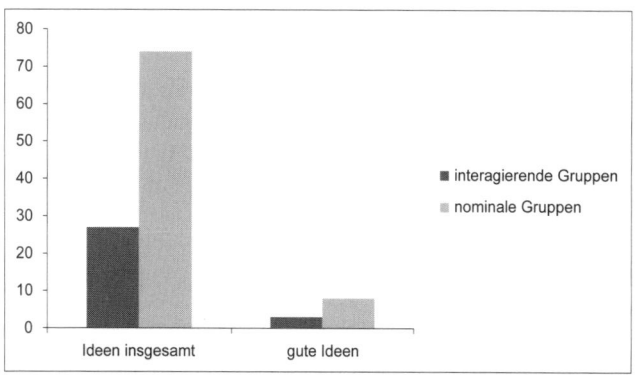

Abb. 8.2: Nominale Gruppen generieren mehr Ideen als interagierende
Gruppen (nach Diehl & Stroebe, 1987)

blockieren sich nicht gegenseitig, wenn sie warten müssen, bis
andere ausgeredet haben.

Wenn wir über Leistungen in Gruppen nachdenken, sollten
wir jedoch nicht nur die Nachteile, sondern auch die Chancen
betrachten. Es sollte nicht verkannt werden, dass das Zusam-
menarbeiten mit Anderen Leistungen ermöglicht, die der Einzelne nicht erreichen kann. Kommen wir zurück zu Tripletts
Fahrradfahrbeispiel. In dem größten Radrennen der Welt, der
Tour de France, gibt es fast in jedem Jahr ein oder mehrere Ein-
zelzeitfahren und ein Mannschaftszeitfahren. Bei einem Einzel-
zeitfahren müssen die Fahrer einzeln, d. h. nicht im Windschatten eines anderen Fahrers, eine bestimmte Strecke zurücklegen.
Bei einem Mannschaftszeitfahren ist dagegen das Fahren im
Windschatten der Teammitglieder erlaubt. Das Fahren im Windschatten ist ein immenser Vorteil, der sich ganz deutlich in Zahlen festhalten lässt. So erreichte in der Tour de France von 2011
der Sieger des Einzelzeitfahrens, Tony Martin, eine mittlere Geschwindigkeit von 45,9 Kilometern pro Stunde. Das siegreiche
Team im Mannschaftszeitfahren erreichte dagegen eine mittlere
Geschwindigkeit von 55,6 Kilometern pro Stunde. Die Gruppe
als Ganzes erzielte also eine deutlich bessere Leistung als jedes
ihrer einzelnen Gruppenmitglieder.

8.4   Urteilen und Entscheiden in Gruppen

Gruppenleistungen sind also zumeist besser als die Leistungen
einzelner Gruppenmitglieder, nur wird selten das Potential auf
Basis der Leistungsfähigkeit der individuellen Gruppenmitglieder erreicht oder gar übertroffen. Wie sieht es mit der Qualität
von Entscheidungen durch Gruppen aus?

8.4.1   Hidden Profiles

Gruppen sind vor allem dann als Entscheidungsträger gefragt,
wenn kein einzelnes Gruppenmitglied auf Basis der ihr vorliegenden Informationen die objektiv beste Entscheidungsalterna-
tive auswählen kann. Dies ist bei einem Hidden Profile (einem
„verborgenen" Profil) der Fall.

Definition
► Bei einem Hidden Profile sind die Informationen so verteilt, dass die individuell vorgelegten Informationen eine andere Entscheidung nahelegen, als dies bei der Kenntnis aller
Informationen der Fall wäre (Stasser, 1988). Erst in einer Gruppendiskussion kann die Überlegenheit der besten Alternative
entdeckt werden. ◄◄

Im Folgenden besprechen wir eine Informationsverteilung eines
Hidden Profiles für zwei Alternativen und drei Gruppenmitglieder ab. Zur einfacheren Veranschaulichung beinhaltet das Beispiel nur positive Informationen, die allesamt gleichermaßen
stark für eine Entscheidung sprechen. Alle drei Gruppenmitglieder erhalten vor der Diskussion je zwei (unterschiedliche) positive Informationen zu Alternative A und drei (gleiche) positive
Informationen zu Alternative B. Daher sollte jedes Gruppenmitglied individuell Alternative B bevorzugen. Durch Diskussion
der Informationen können die Gruppenmitglieder jedoch ent-
decken, dass alle Diskussionsteilnehmer über die gleichen Informationen bezüglich Alternative B verfügen und für B somit
insgesamt nur drei Informationen sprechen. Für Alternative A
sprechen dagegen insgesamt sechs Informationen, da den Grup-

penmitgliedern unterschiedliche Informationen vorliegen. Aufgrund dessen sollte sich die Gruppe als Ganzes für Alternative A entscheiden.

Um eine optimale Entscheidung treffen zu können, müssen Gruppen also bei einem Hidden Profile das jeweilige Spezialwissen ihrer Mitglieder in das Gruppenurteil einfließen lassen. Die Informationen, die nur einem Gruppenmitglied vorliegen, werden als *ungeteilte* Informationen bezeichnet. Informationen, die allen Mitgliedern bekannt sind, nennt man *geteilte* Informationen.

Wie erfolgreich sind Gruppen beim Bearbeiten solcher Hidden Profiles? Leider wenig erfolgreich. In einer Vielzahl an Studien zeigte sich, dass Gruppen zumeist an dem Lösen eines Hidden Profiles scheitern (Mojzisch & Schulz-Hardt, 2006). Eine Begründung liegt in dem vorrangigen Diskutieren von geteilten Informationen, wogegen die entscheidungsrelevanten ungeteilten Informationen kaum genannt werden (Stasser, 1988). Gigone und Hastie (1993) wiederum wiesen auf den Einfluss der individuellen Entscheidungspräferenzen der einzelnen Gruppenmitglieder hin. Nicht der Mangel an ausgetauschten ungeteilten Informationen, sondern die unter Hidden-Profile-Bedingungen fehlerhaften individuellen Entscheidungspräferenzen sind verantwortlich für die falschen Gruppenentscheidungen. Die Gruppenmitglieder diskutieren also weniger die ihnen vorliegenden Informationen zu den einzelnen Lösungsalternativen, sondern gleichen vielmehr ihre (fehlerhaften) individuellen Präferenzen ab. Die Ursachen für die fehlerhaften Gruppenentscheidungen sind jedoch nicht nur auf der Gruppen-, sondern auch auf der Individualebene zu suchen. So scheitern auch Einzelentscheider an der Lösung eines Hidden Profiles, wenn ihnen die Informationen zu den einzelnen Alternativen mittels einer fiktiven Diskussion vorgegeben werden (Greitemeyer & Schulz-Hardt, 2003). Entsprechend der Forschung zur sozialen Urteilsbildung, wonach individuelle Meinungen oft nur unzureichend durch konträre Argumente korrigiert werden, bleiben die einzelnen Gruppenmitglieder bei ihren (falschen) Präferenzen.

Merke
▶ Gruppen sind nur selten in der Lage, ein Hidden Profile zu lösen. Die Ursachen dafür sind ein unzureichender Austausch ungeteilter Informationen, ein voreiliger Abgleich individueller Entscheidungspräferenzen sowie das Beharren der einzelnen Gruppenmitgliedern auf ihren Eingangspräferenzen. ◄◄

Nach diesen Überlegungen sollten Gruppen und ihre einzelnen Mitglieder dazu ermutigt werden, nicht nur einen Abgleich der jeweiligen individuellen Präferenzen vorzunehmen, sondern möglichst viele (und vor allem ungeteilte) Informationen zu diskutieren und zudem bereit sein, eigene Meinungen kritisch zu hinterfragen.

8.4.2   Gruppendenken

Das mangelnde Hinterfragen eigener Positionen ist eines der Hauptkennzeichen des Gruppendenken-Modells von Janis (1982). Das Modell entstand auf Basis einer inhaltsanalytischen Bewertung einiger der größten Fiaskos der amerikanischen Außenpolitik (wie die Eskalation des Vietnam-Krieges). Janis stellte diesen Fiaskos erfolgreiche politische Entscheidungen gegenüber (wie die Reaktion auf die kubanische Raketenkrise). Diese Analyse ergab, dass dysfunktionale Interaktionsmuster zwischen den Gruppenmitgliedern, die er als Gruppendenken bezeichnet, zu den eklatanten Fehlentscheidungen führten.

Gruppendenken kann man auffassen als Gleichschaltung im Denken, was zu einem übermäßigen Streben nach Harmonie und Konsens führt, das zu Lasten einer kritischen Analyse der Sachlage geht. Insbesondere *kohäsive Gruppen*, die sich bedroht fühlen, schließen die Reihen und bestätigen sich gegenseitig, um mit der Situation umgehen zu können. Die Gruppe überschätzt sich selbst, und auf Abweichler wird massiv Druck ausgeübt, die Mehrheitsmeinung zu übernehmen. Dadurch werden alternative Handlungsalternativen nur unzureichend geprüft und die Risiken der präferierten Alternative unterschätzt.

Definition

▶ Gruppendenken beschreibt einen defizitären Entschei-
dungsprozess, der durch ein übermäßiges Streben nach Einmü-
tigkeit der einzelnen Gruppenmitglieder geprägt ist. ◀◀

Gruppendenken kann man unter anderem durch das Einbezie-
hen externer Außenstehender verringern. Gleichfalls hilft es,
einzelne Subgruppen zu bilden, die die Thematik unabhängig
voneinander diskutieren. Schließlich hat sich die Technik des
Teufelsanwalts (advocatus diaboli) zur Reduzierung von Gruppendenken bewährt. Ein Gruppenmitglied spielt die Rolle eines
Teufelsanwalts, dessen Aufgabe es ist, die Mehrheitsmeinung
kritisch zu hinterfragen, mögliche Schwachstellen aufzudecken
und alternative Sichtweisen in die Gruppendiskussion einzubringen. Grundidee all dieser Vorschläge ist es, wie beim Hidden
Profile, einen vorschnellen Konsens zu verhindern und multiple
Perspektiven einzubringen.

8.4.3 Gruppenpolarisation

Beispiel

▶ Stellen Sie sich vor, Sie und zwei Ihrer Kolleginnen beurteilen die Eignung zweier Stellenbewerber. Dazu steht Ihnen
eine Skala von -5 (gar nicht geeignet) über 0 (neutral) bis zu +5
(sehr geeignet) zur Verfügung. Sie und Ihre Kolleginnen sollen
zunächst die beiden Kandidaten individuell für sich beurteilen,
dann ihre Beurteilungen diskutieren und dann noch einmal
einzeln eine Beurteilung abgeben. Den ersten Kandidaten finden
alle wenig geeignet, so dass Sie ihm Werte von -2, -1 und -3
geben. Vom zweiten Kandidaten sind Sie deutlich mehr angetan,
was sich auch in Ihren Beurteilungen von +3, +2 und +4 wider-
spiegelt. Nachdem Sie Ihre Beurteilungen ausgetauscht und
diskutiert haben, bewerten Sie und Ihre Kolleginnen noch einmal jede für sich die beiden Kandidaten. Nun geben Sie dem
ersten Kandidaten Werte von -4, -2 und -4 und dem zweiten
Kandidaten Werte von +4, +4 und +5. Ihre individuellen Beurteilungen sind also nach der Gruppendiskussion extremer ge-
worden. ◀◀

Diese extremeren Beurteilungen individueller Urteile nach Gruppendiskussionen werden als *Gruppenpolarisation* bezeichnet (Moscovici & Zavalloni, 1969). Wie in dem oben aufgeführten Beispiel dargestellt, verschieben sich die Urteile in die Richtung desjenigen Endes der Urteilsdimension, zu dem die Mehrzahl der Gruppenmitglieder vor der Gruppendiskussion tendiert hat. Neigt beispielsweise der Durchschnitt individueller Urteile vor einer Gruppendiskussion zu einer risikofreudigen Alternative, dann wird nach der Gruppendiskussion tendenziell eine noch riskantere Alternative gewählt. Wenn dagegen vorab eine Neigung zu einer risikoaversiven Alternativen besteht, dann führt die Gruppendiskussion zu der Bevorzugung einer noch weniger riskanteren Alternative.

Beispiel

► Investmentbanker entscheiden über die Investition von Milliarden von Euro. Zur Wahl stehen unter anderem hochriskante Optionsscheine, etwas weniger riskante Aktien, relativ sichere Fonds und noch sicherere Rentenpapiere. Wenn die einzelnen Investmentbanker vor der Gruppendiskussion im Durchschnitt dazu neigen würden, Aktien zu kaufen, würden sie danach sogar zum Kauf von Optionsscheinen tendieren. Wenn sie dagegen zuvor die Fonds favorisiert hätten, würden sie danach die Rentenpapiere kaufen. ◄◄

Zusammenfassung

Die Anwesenheit anderer Personen fördert die Leistung bei einfachen Aufgaben und mindert sie bei schwierigen Aufgaben. In der Zusammenarbeit mit anderen treten Koordinations- und Motivationsverluste auf, die die Leistungen der einzelnen Gruppenmitglieder beeinträchtigen. Zwar können auch Motivationsgewinne sich leistungsförderlich auswirken, diese treten jedoch nur spärlich auf. Von der Zusammenarbeit in Gruppen erhofft man sich Synergieeffekte, dass also die einzelnen Gruppenmitglieder sich gegenseitig fördern. Diese Hoffnung ist jedoch trügerisch: Es werden fast nie Gruppenleistungen erzielt, die das

Gruppenpotential übertreffen. Wichtige Entscheidungen werden zumeist von Gruppen statt von Individuen getroffen. Auch hier haben allerdings sozialpsychologische Studien ergeben, dass Gruppenentscheidungen oftmals defizitär sind.

Literaturempfehlungen

Janis, I. L. (1982). *Groupthink* (2., erw. Aufl.). Boston: Houghton Mifflin.

Levine, J. M. & Hogg, M. A. (Hrsg.). (2010). *Encyclopedia of group processes and intergroup relations* (Bd. 1 & 2). Thousand Oaks, CA: Sage.

Levine, J. M. & Moreland, R. L. (Hrsg.). (2007). *Small groups: Key readings*. New York: Psychology Press.

Mojzisch, A. & Schulz-Hardt, S. (2006). Information sampling in group decision making: Sampling biases and their consequences. In K. Fiedler & P. Juslin (Hrsg.), *Information sampling and adaptive cognition* (S. 299–325). Cambridge: Cambridge University Press.

Paulus, P. B. & Nijstad, B. A. (Hrsg.). (2003). *Group creativity: Innovation through collaboration*. New York: Oxford University Press.

Stroebe, W., Nijstad, B.A. & Rietzschel, E.F. (2010). Beyond productivity loss in brainstorming groups: The evolution of a question. *Advances in Experimental Social Psychology, 43*, 158–210.

Fragen zur Selbstüberprüfung

1. Warum fördert die Anwesenheit anderer Personen die Leistung bei einfachen Aufgaben und mindert sie bei schwierigen Aufgaben?
2. Unterscheiden Sie die gängigsten Motivationsverluste.
3. Welche Motivationsgewinne sind in der Literatur nachgewiesen worden?
4. Was ist ein Gruppenpotential? Erläutern Sie dies anhand der Bearbeitung einer Brainstormingaufgabe.
5. Was ist ein Hidden Profile und wieso ist dies die Paradeaufgabe für Entscheidungen in Gruppen?
6. Warum sind Gruppen so selten in der Lage, ein Hidden Profile zu lösen?
7. Erklären Sie, wie Gruppendenken zu Fehlentscheidungen führen kann.
8. Wie verändern sich individuelle Urteile nach einer Gruppendiskussion?

9 Interpersonelle Attraktion und Liebesbeziehungen

Inhalt
Menschen haben ein fundamentales Bedürfnis nach Zugehörigkeit und streben daher nach engen Beziehungen. Interpersonelle Attraktion entsteht durch Nähe, Vertrautheit, Ähnlichkeit, Gegenseitigkeit sowie physische Attraktivität. In längerfristigen Beziehungen erhöhen zudem getätigte Investitionen in die Beziehung die Bindung an den Partner. Verschiedene Liebestheorien unterscheiden kameradschaftliche von leidenschaftlicher Liebe.

Wir alle kennen das Phänomen, dass wir uns zu manchen Menschen hingezogen fühlen, uns aber nicht erklären können, warum das so ist. Gleichfalls gibt es Menschen, die wir als abstoßend empfinden, ohne dass wir benennen können, welche Eigenschaften dieser Person wir als so unangenehm wahrnehmen. Als noch undurchschaubarer sehen viele das Thema Liebe an. Kann man sagen, warum man sich verliebt, oder ist dies nur ein schicksalhaftes Ereignis? In diesem Kapitel werden einige sozialpsychologische Antworten vorgestellt, wie interpersonelle Attraktion zustandekommt. Wir werden verschiedene Faktoren besprechen, die sich darauf auswirken, ob wir andere Menschen mögen oder nicht. Anschließend gehen wir auf romantische Beziehungen ein und besprechen schließlich einige sozialpsychologische Theorien zum Thema Liebe. Zunächst allerdings beleuchten wir das fundamentale menschliche Bedürfnis nach Zugehörigkeit.

9.1   Das Bedürfnis nach Zugehörigkeit

Eines der stärksten menschlichen Bedürfnisse ist das *Bedürfnis nach Zugehörigkeit*, dass man also das Gefühl hat, von anderen akzeptiert und gemocht zu werden (Baumeister & Leary, 1995). Entsprechend ist soziale Isolation für fast alle von uns ein außergewöhnlich unangenehmer Zustand. Experimentelle Studien haben belegt, dass Erfahrungen *sozialer Ausgrenzung* zu einem psychischen Leiden führen, welches physischem Schmerz gleicht (Eisenberger, Lieberman & Williams, 2003). Nach Williams (2009) mindern Ausgrenzungserfahrungen das Gefühl von persönlicher Kontrolle, Lebenssinn, Selbstwert sowie das Gefühl der Zugehörigkeit. Das Motiv nach Zugehörigkeit ist so fundamentaler Art, dass bis auf wenige Ausnahmen (wie autistische Personen) Menschen versuchen, enge Bindungen mit anderen Menschen einzugehen. Für die Befriedigung des Bedürfnisses nach Zugehörigkeit scheint weniger die Quantität als vielmehr die Qualität der menschlichen Beziehungen entscheidend zu sein. Im Allgemeinen bevorzugen Menschen wenige enge gegenüber vielen losen Beziehungen (Caldwell & Peplau, 1982).

9.2   Interpersonelle Attraktion

Wir alle haben also ein starkes Bedürfnis nach menschlicher Nähe. Jedoch sind nicht alle Menschen gleichermaßen geeignet, unser Bedürfnis zu befriedigen. Warum also mögen wir manche Personen mehr als andere? Wir gehen zunächst auf verschiedene Faktoren ein, die man unter den Oberbegriffen Vertrautheit und Ähnlichkeit zusammenfassen kann. Wie wir sehen werden, mögen wir Menschen, die wir gut kennen und die uns ähnlich sind. Danach betrachten wir, wie sich physische Attraktivität auf interpersonelle Attraktion auswirkt. Dabei besprechen wir auch, welches unsere Annahmen gutaussehenden Menschen gegenüber sind und ob diese Annahmen gerechtfertigt sind.

9.2.1   Vertrautheit und Ähnlichkeit

Effekt von Nähe

Welche sind Ihre liebsten Mitstudierenden? Sind es möglicherweise die, neben denen Sie einmal zufällig in einer Vorlesung oder einem Seminar gesessen haben und die Sie dann anschließend näher kennengelernt haben? Tatsächlich ist es so, dass wir vor allem Menschen mögen, mit denen wir aufgrund von Nähe viel Kontakt haben. Festinger und Kollegen (Festinger, Schachter & Back, 1950) überprüften die Hypothese, dass Menschen, mit denen wir am häufigsten interagieren, am wahrscheinlichsten unsere Freunde werden. In ihrer Untersuchung wurden die Bewohner eines Komplexes für verheiratete Studenten befragt, welche ihre drei engsten Freunde sind, die ebenfalls in dem Wohnkomplex lebten. Obwohl alle Gebäude nahe beieinander lagen, wohnten 65 Prozent der angegebenen Freunde im gleichen Gebäude. Zudem stellten sich Näheeffekte innerhalb eines Gebäudes heraus. Je näher die Wohnungen der Studierenden beieinander lagen, desto größer war die Wahrscheinlichkeit, dass sie sich als Freunde bezeichneten (s. **Tab. 9.1**).

Tab. 9.1: Der Effekt von räumlicher Nähe auf die Entwicklung von Freundschaften (nach Festinger et al., 1950)

Entfernung der Wohnungen	Freundschaft
Tür an Tür	41 %
2 Türen voneinander entfernt	22 %
3 Türen voneinander entfernt	16 %
4 Türen voneinander entfernt	10 %

Neben der physischen Entfernung wirkte sich auch die sogenannte psychologische Distanz zwischen den Wohnungen auf die Freundschaftsentwicklung aus. So hatten Bewohner eines Apartments, welches nahe an einer Treppe zu den anderen Etagen des Wohnkomplexes lag, mehr Freunde aus anderen Stockwerken als die Bewohner eines Apartments, welches weiter weg von der Treppe lag (da Letztere die Bewohner aus anderen Stockwerken seltener treffen als Erstere).

Eine Erklärung dafür, warum sich Nähe förderlich auf interpersonelle Attraktion auswirkt, liegt in dem sogenannten Effekt des bloßen Ausgesetztseins begründet (Zajonc, 1968).

Der Effekt des bloßen Ausgesetztseins

Der Effekt des bloßen Ausgesetztseins besagt, dass man Stimuli, denen man häufig ausgesetzt ist, mehr mag als Stimuli, denen man selten ausgesetzt ist.

Beispiel
▸ Vielleicht konnten Sie dieses Phänomen schon selbst bei sich beobachten, wenn Sie ein Musikstück mehrere Male gehört haben. Beim ersten Hören konnten Sie mit dem Musikstück noch nichts anfangen. Je öfter Sie dann aber das Lied gehört haben, desto eingehender fanden Sie Melodie und Text. ◂◂

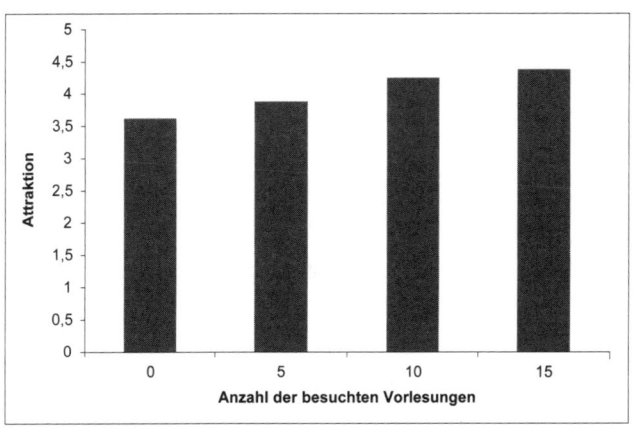

Abb. 9.1: Die mittlere Beurteilung der Attraktivität der Persönlichkeit der Konföderierten in Abhängigkeit von der Anzahl der besuchten Vorlesungen (nach Moreland & Beach, 1992)

Auch steigt die Attraktivität von Gesichtern, je öfter man diese gesehen hat. Moreland und Beach (1992) baten weibliche Konföderierte, unterschiedlich häufig an einer Vorlesung teilzunehmen. Am Ende des Semesters wurden den Studierenden Dias dieser Konföderierten gezeigt. Je öfter eine Konföderierte die Vorlesung besucht hatte, desto attraktiver wurde sie wahrgenommen (s. **Abb. 9.1**).

Ähnlichkeit

Gleich und Gleich gesellt sich gern. Oder: Gegensätze ziehen sich an. Mag man Personen, die einem ähneln oder die einen ergänzen? Befunde einer Vielzahl sozialpsychologischer Studien legen nah, dass es die Ähnlichkeit ist, die einen mit anderen verbindet. Newcomb (1961) beispielsweise teilte männlichen Studenten nach dem Zufallsprinzip einen Zimmergenossen in einem Wohnheim zu. Am Ende des Semesters befragte er die Studierenden, wie gut sie miteinander befreundet waren. Freundschaft zeigte sich vor allem dann, wenn sich die Zimmergenossen hinsichtlich demografischer Variablen und Einstellungen und Werten ähnelten. Nachfolgende experimentelle Untersuchungen konnten belegen, dass sich Ähnlichkeit kausal auf interpersonelle Attraktion auswirkt. Wenn einer Versuchsperson suggeriert wird, dass eine andere Person ihr ähnelt, wogegen eine zweite Person sich sehr von ihr unterscheidet, so fühlt sich im Allgemeinen die Versuchsperson stärker zur ersten als zur zweiten Person hingezogen (Byrne, 1971).

Merke
▶ Es ist Ähnlichkeit und nicht Gegensätzlichkeit, die zu interpersoneller Attraktion führt. ◀◀

Gegenseitigkeit

Möglicherweise der bedeutsamste Faktor, warum man andere Personen mag oder nicht mag, besteht in der Erwartung, ob die andere Person einen selbst mag. Man mag eher die Menschen, von denen man annimmt, dass sie einen ebenfalls mögen, als die Menschen, von denen man annimmt, dass sie einen nicht mögen. Wenn beispielsweise Versuchspersonen die Umstände erinnern, wie sie sich in jemanden verliebt haben, berichten diese häufig, dass sie zuvor von der Zuneigung der anderen Person erfahren haben (Aron, Dutton, Aron & Iverson, 1989).

9.2.2 Physische Attraktivität

Physisch attraktive Menschen haben eine Vielzahl von Vorteilen gegenüber weniger gutaussehenden Menschen. So werden attraktive Angeklagte milder bestraft als unattraktive Angeklagte; attraktiven Personen wird eher geholfen als unattraktiven; und attraktive Menschen hinterlassen bei Einstellungsgesprächen einen besseren Eindruck und werden eher eingestellt. Im Kontext interpersoneller Attraktion kann zudem festgehalten werden, dass attraktive Personen als Ausgeh- oder Heiratspartner günstiger beurteilt werden (Berscheid & Walster, 1974).

Beurteilerübereinstimmung bei der Bestimmung der physischen Attraktivität

Aber kann man überhaupt sagen, ob eine Person gutaussehend ist? Oftmals wird behauptet, dass unterschiedliche Personen völlig unterschiedliche Attraktivitätsstandards vertreten. Tatsächlich ist jedoch die Beurteilerübereinstimmung bei der Bewertung der physischen Attraktivität von Menschen sehr hoch (Langlois, Kalakanis, Rubenstein, Larson, Hallam & Smoot, 2000). Zwar kann eine Person von jemandem als attraktiv, von jemand anderem dagegen als unattraktiv wahrgenommen werden. Sobald man jedoch eine größere Gruppe von Personen befragt, erhält man eine erstaunlich hohe Übereinstimmung zwischen den Attraktivitätsurteilen.

Beispiel
▸ So kann es unklar sein, ob Markus attraktiv ist oder nicht, wenn nur Lea und Isabell Markus beurteilen sollten. Lea findet Markus möglicherweise attraktiv, Isabell dagegen teilt diese Meinung nicht. Trotz der individuellen Unterschiede kann man jedoch auf der Gruppenebene eindeutig zwischen gutaussehenden und weniger gutaussehenden Personen unterscheiden. Je mehr Personen Markus beurteilen, desto höher fällt im Allgemeinen der Konsens zwischen den Beurteilern aus. ◂◂

Bereits mit rund zwei Dutzend Urteilern erhält man sehr zuverlässige Attraktivitätskennwerte, die so stabil sind, dass eine Befragung von 10 000 Personen kaum zu anderen Ergebnissen kommt (Henss, 1992). Auch unterscheiden sich Frauen und Männer fast nicht in ihren Attraktivitätsstandards. Es werden ausnahmslos hohe bis sehr hohe Übereinstimmungen zwischen den beiden Geschlechtern berichtet. Frauen neigen jedoch zu strengeren Urteilen als Männer (Hassebrauck, 1983). Beide Geschlechter stimmen also überein, wer von zwei Personen attraktiver ist als der andere, nur finden Frauen weniger als Männer, dass eine Person attraktiv ist.

Beispiel

▶ Maria und Katharina nehmen an einer Untersuchung teil, in der ihre physische Attraktivität von männlichen und weiblichen Beurteilern erfasst wird. Die Attraktivität wird auf einer Skala von 1 (sehr unattraktiv) bis 9 (sehr attraktiv) gemessen. Die Männer bewerten Maria im Durchschnitt mit 7,6 und Katharina mit 3,4. Die Frauen bewerten Maria im Durchschnitt mit 6,9 und Katharina mit 2,7. Beide Geschlechter stimmen also überein, dass Maria attraktiver ist als Katharina. Es besteht also eine hohe Urteilsübereinstimmung: Die Beurteilungen der Männer korrelieren hoch mit denen der Frauen. Zudem zeigt sich aber auch ein Mittelwertsunterschied dahingehend, dass die Frauen kritischer beurteilen als die Männer. An der hohen Urteilsübereinstimmung zwischen den Geschlechtern ändert dies jedoch nichts. ◀◀

Beide Geschlechter stimmen also sehr gut überein, welche Personen attraktiver sind als andere. Zudem werden Frauen wie Männer ähnlich übereinstimmend beurteilt. Es gibt also einen kulturellen Konsens, wer attraktiv ist und wer nicht, und dieser Konsens tritt bei zu beurteilenden weiblichen wie männlichen Personen ähnlich hoch aus. Trotz der hohen Übereinstimmung bei der Beurteilung menschlicher Attraktivität besitzen aber auch Aussagen wie „Die Schönheit liegt im Auge des Betrachters" ebenfalls durchaus einen wahren Kern. In einer Untersuchung von Cross und Cross (1971) stimmten 207 Beurteiler ziemlich überein, ob ein Gesicht attraktiv ist oder nicht. Allerdings waren auch deutliche individuelle Unterschiede der Geschmäcker zu verzeichnen. So wurde auch das insgesamt über alle Beurteiler als unattraktivste bezeichnete Gesicht von vier Beurteilern als das attraktivste Gesicht wahrgenommen.

Zudem geht Sympathie in starkem Maße mit der Wahrnehmung physischer Attraktivität einher: Die Einschätzung der Attraktivität einer Person durch den eigenen Ehepartner liegt fast immer höher als die Einschätzung durch fremde Personen (Murstein & Christy, 1976).

Das Attraktivitätsstereotyp

Menschen, die wir mögen, nehmen wir also als attraktiver wahr als Menschen, die wir nicht mögen. Andererseits gilt aber auch, dass wir gutaussehenden Menschen positivere Charaktereigenschaften zuschreiben als weniger gutaussehenden. So werden gutaussehende Menschen unter anderem als sozial geschickter, extravertierter, geselliger, dominanter, intelligenter, glücklicher und beliebter angesehen als weniger gutaussehende Menschen (Eagly, Ashmore, Makhijani & Longo, 1991; Feingold, 1992).

Merke
▶ Zusammenfassen kann man das Attraktivitätsstereotyp zu: „Wer schön ist, ist auch gut" (Dion & Berscheid, 1972). ◀◀

Stimmt das Attraktivitätsstereotyp?

Aber stimmt unser Bild von gutaussehenden Menschen? Sind gutaussehende Menschen tatsächlich „besser" als weniger gutaussehende Menschen? Es gibt zumindest gute Gründe, warum sich gutaussehende Menschen in ihren Charaktereigenschaften von weniger gutaussehenden Menschen unterscheiden sollten. Im Kapitel 3 „Soziale Kognition" sind wir auf das Phänomen der sich selbst erfüllenden Prophezeiung eingegangen, wonach Erwartungen ihre eigene Wirklichkeit schaffen. Im Sinne des gängigen Attraktivitätsstereotyps unterscheiden sich unsere Erwartungen gegenüber gutaussehenden Personen von unseren Erwartungen gegenüber weniger gutaussehenden. Von einer gutaussehenden Person nehmen wir vielleicht an, sie sei sozial aufgeschlossener als eine weniger gutaussehende. In der Folge treten wir einer gutaussehenden Person offener gegenüber als einer weniger gutaussehenden, was sich wiederum darin auswirkt, dass die gutaussehende Person aufgeschlossener reagiert als die weniger gutaussehende. Unsere Erwartungen hätten sich also selbst verwirklicht (s. **Abb. 9.2**).

Snyder und Kollegen (1977) untersuchten diese Überlegungen in einer experimentellen Studie. Weibliche und männliche Probanden wurden in separate Räume geführt, in denen sie ein Telefongespräch miteinander führten. Die männlichen Probanden erhielten zuvor ein Informationspaket über ihre angebliche Gesprächspartnerin. Enthalten war ein Foto von ihr. Tatsächlich jedoch wurden die Fotos zufällig den männlichen Probanden zugeteilt. Manche der Probanden erhielten ein Foto einer attraktiven Frau, andere ein Foto einer unattraktiven. Nach einer zehnminütigen Unterhaltung bewerteten die Männer ihre Gesprächspartnerin hinsichtlich verschiedener Attribute. Die angeblich attraktive Frau wurde unter anderem als freundlicher, sozial aufgeschlossener und humorvoller wahrgenommen als die angeblich unattraktive. Zudem wurden beide Gesprächspartner von unabhängigen Beurteilern bewertet, die entweder nur die Männerstimme oder nur die Frauenstimme hörten. Die Beurteiler schätzten die Männer, die mit einer angeblich attraktiven Frau sprachen, unter anderem als selbstsicherer, witziger und aufgeschlossener ein als die Männer, die mit einer angeblich unattraktiven Frau sprachen. Zudem zeigte sich, dass auch die Beurteiler die vermeintlich attraktiven Frauen positiver einschätzten als die vermeintlich unattraktiven. Die angeblich attraktiven Frauen unterschieden sich also tatsächlich in ihrem Verhalten von den angeblich unattraktiven. Da sich die beiden Gruppen in ihrer tatsächlichen physischen Attraktivität nicht unterschieden (was ein Vortest ergeben hatte), bewirkte also allein die Erwartung der männlichen Gesprächspartner (und daraus resultierend ihr Verhalten) das unterschiedliche Verhalten der weiblichen Versuchspersonen.

Unterscheiden sich gutaussehende Personen tatsächlich in ihren Charaktereigenschaften von weniger gutaussehenden Per-

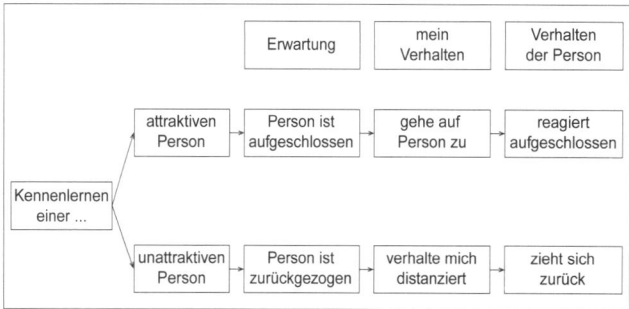

Abb. 9.2: Sich selbst erfüllende Prophezeiung: Die Erwartung, eine gutaussehende Person sei sozial aufgeschlossener als eine weniger gutaussehende Person, bewahrheitet sich selbst.

sonen? In einer Metaanalyse fasste Feingold (1992) alle Studien zum Zusammenhang zwischen physischer Attraktivität und Persönlichkeit zusammen und verglich diese mit den Attraktivitätsstereotypen. In **Tabelle 9.2** sind die Korrelationen zwischen physischer Attraktivität und verschiedenen Eigenschaften sowohl für das jeweilige Stereotyp als auch für die tatsächlichen Zusammenhänge aufgeführt.

Tab. 9.2: Korrelationen zwischen physischer Attraktivität und verschiedenen Eigenschaften (nach Feingold, 1992)

Eigenschaft	Attraktivitätsstereotyp	Tatsächlicher Zusammenhang
Geselligkeit	.22	.04
Dominanz	.26	.07
Charakter	-.02	-.01
Psychische Gesundheit	.24	.05
Intelligenz	.15	-.04
Soziale Fähigkeiten	.40	.23

Von attraktiven Menschen vermutet man, sie seien geselliger, dominanter, psychisch gesünder, intelligenter und hätten größere soziale Fähigkeiten als weniger attraktive Menschen. Kein Einfluss wird von physischer Attraktivität auf den Charakter einer Person angenommen. Tatsächlich gibt es keine Unterschiede zwischen attraktiven und weniger attraktiven Menschen hinsichtlich Geselligkeit, Dominanz, Charakter, psychischer Gesundheit und Intelligenz. Attraktive Menschen haben jedoch höhere soziale Kompetenzen als weniger attraktive Menschen, jedoch sind diese Unterschiede geringer, als im Stereotyp angenommen.

Merke
▶ Das Attraktivitätsstereotyp ist entweder nicht zutreffend oder wird von der Ausprägung überschätzt. Gutaussehende Menschen sind also nicht so (positiv), wie wir das von ihnen erwarten. ◀◀

9.3   Romantische Beziehungen

9.3.1   Partnerschaftspräferenzen

Der Großteil der sozialpsychologischen Forschung bezüglich menschlicher *Partnerschaftspräferenzen* beschäftigte sich mit möglichen Geschlechtsunterschieden. Wir betrachten im Folgenden, wie kritisch Frauen und Männer bei ihrer Partnerwahl sind, wie wichtig beiden Geschlechtern die physische Attraktivität und der sozioökonomische Status ihres Partners sind und welche Alterspräferenzen Frauen und Männer aufweisen. Bevor wir allerdings empirische Befunde zu Geschlechtsunterschieden in Partnerschaftspräferenzen betrachten, beleuchten wir zwei theoretische Ansätze: die evolutionäre und die soziokulturelle Perspektive.

Evolutionäre Erklärung

Evolutionäre Ansätze sehen Partnerschaftspräferenzen als Mittel, wie Menschen ihren reproduktiven Erfolg erhöhen können

(Buss, 2008). Da die Reproduktion für Frauen aufwändiger ist
als für Männer, sollten sie mehr als Männer eine sorgfältige
Auswahl treffen und insgesamt höhere Standards aufweisen.
Zudem sollten sie mehr als Männer darauf achten, einen Partner auszuwählen, der sie und ihre Nachkommen versorgen
kann. Daher sollten Frauen mehr als Männer einen potentiellen Partner mit hohem sozioökonomischem Status schätzen.
Dagegen sollten Männer mehr als Frauen Partnerinnen suchen, die fähig erscheinen, sich erfolgreich zu reproduzieren.
Daher dürfte für Männer insbesondere das Aussehen einer
potentiellen Partnerin bedeutsam sein, da sie die für die Fortpflanzung wichtige Gesundheit der Frau anzeigt. So gehen
symmetrische Gesichter, die im Allgemeinen als attraktiver
beurteilt werden als asymmetrische Gesichter, mit einer höheren Gesundheit einher (Scheib, Gangestad & Thornhill,
1999). Zudem sollten Männer vor allem jüngere Partnerinnen
präferieren, da diese im Allgemeinen einen höheren „Fortpflanzungserfolg" versprechen.

Merke

▸ Geschlechtsunterschiede in Partnerschaftspräferenzen
werden nach der evolutionären Perspektive zurückgeführt auf
unsere evolutionäre Vergangenheit. ◂◂

Wie wir im Folgenden noch besprechen werden, werden bei der
Erfassung von Partnerschaftspräferenzen Charaktereigenschaften (wie Verlässlichkeit oder Zugänglichkeit) eines Partners als
bedeutsamer erachtet als die physische Attraktivität oder der
sozioökonomische Status. Zudem tragen Charaktereigenschaften
eines Partners zum Fortpflanzungserfolg bei. Die evolutionäre
und die soziokulturelle Erklärung fokussieren dennoch auf die
physische Attraktivität und den sozioökonomischen Status, da
hier eindeutige geschlechtsspezifische Vorhersagen getroffen
werden können. Hinsichtlich der Bedeutung des Charakters eines Partners sind dagegen kaum Unterschiede zwischen Frauen
und Männer zu verzeichnen.

Soziokulturelle Erklärung

Auch die soziokulturelle Perspektive nimmt an, dass sich Frauen und Männer in ihren Partnerpräferenzen unterscheiden, dass nämlich Frauen mehr als Männer Wert auf den sozioökonomischen Status eines Partners legen, wohingegen Männer mehr als Frauen auf ein gutes Aussehen und ein geringeres Alter der Partnerin achten. Die soziokulturelle Perspektive unterscheidet sich jedoch von der evolutionären dadurch, wie diese Geschlechtsunterschiede erklärt werden. So geht die soziokulturelle Perspektive nicht davon aus, dass unsere evolutionäre Vergangenheit unsere Partnerschaftspräferenzen bestimmt, sondern sie führt Unterschiede zwischen den Geschlechtern auf gesellschaftliche Bedingungen zurück (Eagly & Wood, 1999). Partnerschaftspräferenzen werden als Ergebnis internalisierter sozialer Normen sowie gesellschaftlicher Gegebenheiten aufgefasst. So kann man die Präferenz von Frauen für einen Partner mit hohem sozioökonomischen Status darauf zurückzuführen, dass sie selbst aufgrund der gesellschaftlichen Situation keinen ausreichenden Zugang zu diesen Ressourcen haben. Die Präferenz von Männern für attraktive Frauen könnte ebenso wie die Unterschiede in der Bereitschaft, auf sexuelle Angebote einzugehen, das Ergebnis einer unterschiedlichen Erziehung sein.

Merke

▶ Geschlechtsunterschiede in Partnerschaftspräferenzen werden nach der soziokulturellen Perspektive zurückgeführt auf gesellschaftliche Einflüsse. ◀◀

Welche der beiden Perspektiven Geschlechtsunterschiede in Partnerpräferenzen besser erklären kann, ist nicht eindeutig zu beantworten. Zudem schließen sich die evolutionäre und die soziokulturelle Perspektive keineswegs aus. So könnten die soziokulturellen Gegebenheiten das Spiegelbild der adaptiven Mechanismen sein, die wir aufgrund unserer Evolution entwickelt haben (Feingold, 1990).

Geschlechtsunterschiede in Partnerschaftspräferenzen:
empirische Untersuchungen

Inwieweit unterscheiden sich die beiden Geschlechter in ihren
Partnerschaftspräferenzen? Bezüglich sexueller Einstellungen und
Verhaltensweisen von Frauen und Männern gibt es große Unterschiede. So stellen Männer geringere Ansprüche an eine Sexual-
partnerin und wünschen sich mehr Sexualpartner im Verlauf
ihres Lebens als Frauen. Bezüglich Alterspräferenzen wünschen
sich Männer im Allgemeinen jüngere Partnerinnen, wogegen
Frauen ältere Partner bevorzugen. In einer interkulturellen Studie
von Buss (1989) wünschten sich Männer im Durchschnitt eine
2,7 Jahre jüngere Partnerin, wogegen Frauen sich einen 3,4 Jahre
älteren Partner wünschten. Männer achten mehr als Frauen bei
ihrer Partnerwahl auf die physische Attraktivität ihrer Partnerin,
wohingegen Frauen mehr auf den sozioökonomischen Status des
Partners achten. Dieses Muster zeigt sich mehr oder weniger in
den unterschiedlichsten Kulturen. Jedoch gibt es auch große Ge-
meinsamkeiten zwischen Frauen und Männern bei ihren Partnerpräferenzen. So ähneln sich beide Geschlechter darin, dass sie
großen Wert auf den Charakter ihres Partners legen. Tatsächlich
sind die Charaktereigenschaften des Partners sowohl für Frauen
als auch für Männer deutlich bedeutsamer als physische Attraktivität und sozioökonomischer Status (Buss & Barnes, 1986).

9.3.2   Theorien interpersonaler Attraktion

Zur Erklärung zwischenmenschlicher Attraktion in Beziehungen
werden vor allem zwei Theorien herangezogen: die Theorie des
sozialen Austauschs und die Equity-Theorie.

Theorie des sozialen Austauschs

Nach der Theorie des sozialen Austauschs hängt die Beurteilung
einer Beziehung vor allem von drei Kriterien ab:

- Wahrnehmung von Nutzen und Kosten der Beziehung.
- Vergleichsniveau: Erwartungen im Hinblick auf das Niveau
  von Belohnungen und Strafen, die man in Beziehungen wahrscheinlich erhält.

• Vergleichsniveau für Alternativen: Erwartungen bezüglich des Niveaus von Belohnungen und Strafen, die man in einer alternativen Beziehungen erhalten würde.

Hoher Nutzen und niedrige Kosten gehen einher mit Beziehungszufriedenheit, während niedriger Nutzen und hohe Kosten zu Unzufriedenheit führen. Falls der Beziehungspartner „besser" ist als der eigene Standard, den man für sich angemessen empfindet, ist man zufrieden mit der Beziehung. Falls man glaubt, man hätte jemand attraktiveren verdient, dann ist man unzufrieden. Man kann aber selbst bei hohem Nutzen, niedrigen Kosten und einem Partner, der das eigene Vergleichsniveau übertrifft, mit der Beziehung unzufrieden sein, falls man die Möglichkeit wahrnimmt, mit jemand anderem eine noch bessere Beziehung führen zu können.

In Langzeitbeziehungen sind allerdings nicht nur Nutzen, Kosten, Vergleichsniveau und das Vergleichsniveau für Alternativen bedeutsam, sondern auch das Ausmaß der eigenen „Investitionen" in die Beziehung sowie die empfundene Verpflichtung gegenüber dem Partner (Rusbult, 1983). Wenn man sich dem eigenen Partner verpflichtet fühlt, nimmt man ihn positiver wahr und alternative Partner negativer. Das *Investitionsmodell der Bindung* nach Rusbult ist in **Abbildung 9.3** dargestellt.

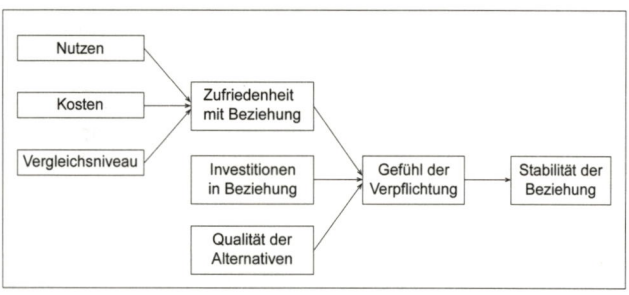

Abb. 9.3: Das Investitionsmodell der Bindung nach Rusbult (1983)

Nach Rusbults Modell hängt die Stabilität einer Beziehung direkt von dem Gefühl der Verpflichtung ab, die beide Partner verspüren. Dieses Gefühl wiederum wird bestimmt durch die Zufriedenheit mit der Beziehung, das Gefühl der Partner, wie viel sie in die Beziehung investiert haben sowie durch die Qualität möglicher Alternativen zu dieser Beziehung. Die Zufriedenheit mit der Beziehung wird also vom Nutzen, den Kosten sowie dem Vergleichsniveau für Alternativen bestimmt.

Equity-Theorie

Die Equity-Theorie betont, dass man in einer Beziehung nach Ausgleich strebt. Man ist also nicht am zufriedensten, wenn man selbst einen hohen Nutzen und niedrige Kosten hat, der andere aber einen geringen Nutzen und/oder hohe Kosten. Stattdessen sollten Menschen in denjenigen Beziehungen am glücklichsten sein, in denen Nutzen und Kosten, die eine Person erfährt und der Beitrag, den sie für die Beziehung leisten, ungefähr Nutzen, Kosten und dem Beitrag ihres Partners entsprechen. Zwar wird Ungleichheit vor allem von der benachteiligten Person negativ wahrgenommen (Sprecher, 2001), allerdings haben empirische Studien ergeben, dass sich auch die begünstigte Person schuldig fühlt, wenn sie aus einer Beziehung mehr nimmt, als sie gibt (Walster, Walster & Berscheid, 1978).

9.3.3   Liebesbeziehungen

Es gibt eine Vielzahl an Theorien, die versuchen, das Konzept Liebe zu erfassen. Eine der bekanntesten Theorien ist die Dreieckstheorie nach Sternberg (1986). Nach Sternberg ist das Erfahren von Liebe eine Kombination aus drei Komponenten, und zwar:

- Intimität
- Leidenschaft
- Verbindlichkeit

Je nachdem, ob die einzelnen Komponenten erfüllt sind oder nicht, sind acht Arten von Liebe möglich. Verbindliche Liebe ohne Intimität und Leidenschaft wäre beispielsweise nach Sternberg eine leere Liebe, Intimität und Leidenschaft ohne Verbindlichkeit wäre eine romantische Liebe und nur das Zusammenspiel aller drei Komponenten ergibt eine vollzogene Liebe.

Inwieweit tatsächlich diese drei Komponenten das Phänomen Liebe ausmachen, ist jedoch umstritten: Andere Theoretiker betonen andere Komponenten. Die größte Gemeinsamkeit scheint in der Unterscheidung von kameradschaftlicher und leidenschaftlicher Liebe zu liegen. Unter *kameradschaftlicher Liebe* versteht man die Gefühle von Intimität und Zuneigung, die wir spüren, wenn wir eine Person sehr mögen, aber in ihrer Gegenwart keine Leidenschaft oder Erregung verspüren. *Leidenschaftliche Liebe* sind Gefühle von intensiver Sehnsucht, begleitet von physiologischer Erregung, die wir für einen Menschen empfinden.

Zusammenfassung

Mit wenigen Ausnahmen streben Menschen nach Zugehörigkeit. Wenn das Bedürfnis nach Zugehörigkeit nicht befriedigt wird, sind negative Empfindungen die Folge, die dem Erleben von physischem Schmerz ähneln. Interpersonelle Attraktion wird gefördert durch Nähe, Vertrautheit, Ähnlichkeit und Gegenseitigkeit. Auch physische Attraktivität ist verbunden mit interpersoneller Attraktion. Gutaussehenden Menschen werden positivere Eigenschaften zugeschrieben als weniger gutaussehenden Menschen. Tatsächlich kann man jedoch kaum Unterschiede zwischen gutaussehenden und weniger gutaussehenden Menschen feststellen. Evolutionäre und soziokulturelle Theorien sagen Geschlechtsunterschiede in Partnerschaftspräferenzen voraus, die auch tatsächlich zu beobachten sind. Nach der Theorie des sozialen Austauschs gehen Menschen Beziehungen ein, von denen sie sich einen hohen Nutzen und geringe Kosten versprechen. Nach der Equity-Theorie dagegen streben Menschen nach einem gerechten Ausgleich in Beziehungen. Verschiedene Liebestheorien betonen unterschiedliche Dimensionen, die das Empfinden von Liebe ausmachen. Gemeinsam ist den meisten Theorien, dass sie die Dimensionen Kameradschaftliche und Leidenschaftliche Liebe unterscheiden.

Literaturempfehlungen

Baumeister, R. F. & Leary, M. R. (1995). The need to belong: Desire for interpersonal attachments as a fundamental human motivation. *Psychological Bulletin, 117,* 497–529.

Berscheid, E. & Regan, P. (2005). *The psychology of interpersonal relationships.* New York: Prentice-Hall.

Berscheid, E. & Reis, H. T. (1998). Attraction and close relationships. In D. T. Gilbert, S. T. Fiske & G. Lindzey (Hrsg.), *The handbook of social psychology* (4. Aufl., S. 193–281). New York: McGraw-Hill.

Buss, D. M. (2003). *The evolution of desire: Strategies of human mating.* New York: Basic Books.

Buss, D. M. (2008). *Evolutionary psychology: The new science of the mind* (3. Aufl.). Boston, MA: Allyn & Bacon.

Hassebrauck, M. (2010). *Alles über die Liebe.* München: mvg.

Henss, R. (1992). *„Spieglein, Spieglein an der Wand …" Geschlecht, Alter und physische Attraktivität.* München: Psychologie Verlags Union.

Fragen zur Selbstüberprüfung

1. Wie kann man sich erklären, dass räumliche Nähe interpersonelle Attraktion erhöht?
2. Was würden Sie jemandem entgegnen, der behauptet, physische Attraktivität lasse sich nicht messen?
3. Inwieweit stimmt das Attraktivitätsstereotyp, dass attraktive Menschen besser sind als unattraktive?
4. Wie erklären evolutionäre und soziokulturelle Theorien Geschlechtsunterschiede in Partnerschaftspräferenzen?
5. Welche Komponenten spielen nach der Theorie des sozialen Austauschs eine Rolle bei der Erklärung zwischenmenschlicher Attraktion?
6. Inwiefern unterscheiden sich nach dem Investitionsmodell der Bindung längerfristige von kurzfristigen Beziehungen?
7. Welche Dimensionen unterscheidet Sternberg in seiner triadischen Liebestheorie?

10   Hilfeverhalten

Inhalt

Hilfeverhalten ist eine Unterkategorie prosozialen Verhaltens und stellt ein Verhalten dar, das dem Wohlbefinden einer anderen Person dient. Menschen helfen aus egoistischen und altruistischen Motiven. Situative Faktoren sind bessere Prädiktoren hilfreichen Verhaltens als personelle Faktoren. Hilfeleistungen können gesteigert werden, wenn potentielle Helfer direkt angesprochen werden.

Menschliches Leid ruft Mitgefühl und Unterstützung hervor. Im Januar 2010 erschütterte ein schweres Erdbeben Haiti, bei dem mehr als 230 000 Menschen ums Leben kamen und mindestens 1,2 Millionen obdachlos wurden. Der entstandene wirtschaftliche Schaden wurde mit etwa 5,4 Milliarden Euro angegeben. Die internationale Staatengemeinschaft beschloss daraufhin auf einer Geberkonferenz Hilfen in Milliardenhöhe. Aber nicht nur ganze Staaten, sondern auch einzelne Personen spendeten Millionen. Dies ist kein Einzelfall. So spendeten die Bundesdeutschen Schätzungen zufolge 670 Millionen Euro für die Opfer der Flutwelle in Asien im Dezember 2004, und unabhängig von solchen Naturkatastrophen spenden die Bundesdeutschen jedes Jahr mehr als 2 Milliarden Euro an gemeinnützige Organisationen. Manchmal kann man sogar heldenhaftes Hilfeverhalten beobachten. Beispielhaft soll Oskar Schindler genannt werden, der während des Zweiten Weltkriegs etwa 1 200 bei ihm angestellten jüdischen Zwangsarbeitern das Leben rettete. Andererseits werden aber auch Fälle publik, bei denen ein Opfer keine Hilfe erhält, obwohl viele potentielle Helfer anwesend sind.

Im Folgenden werden wir uns damit beschäftigen, warum Menschen anderen helfen, wann sie helfen und wann nicht, wer hilft und wem geholfen wird. Zuvor beginnen wir jedoch mit einigen Definitionen.

Definition
▶ Jedwedes Verhalten, das die Situation einer bedürftigen Person verbessert, wird als prosoziales Verhalten aufgefasst. Prosoziales Verhalten umfasst verschiedene Verhaltensweisen wie Hilfeverhalten, umweltbewusstes Verhalten und kooperatives Verhalten. Hilfeverhalten ist demnach eine Unterkategorie prosozialen Verhaltens, bei der eine Person ein Verhalten ausführt, das dem Wohlbefinden einer anderen Person zugutekommt. ◄◄

10.1 Warum helfen wir?

Warum Menschen anderen helfen, hat wie fast jedes Verhalten mehrere Ursachen. Wir werden zunächst die evolutionäre Erklärung hilfreichen Verhaltens besprechen. Danach werden wir Hilfeverhalten als Abwägung von Kosten und Nutzen diskutieren. Schließlich gehen wir darauf ein, ob Menschen aus egoistischen und/oder altruistischen Motiven helfen.

10.1.1 Evolutionäre Erklärung hilfreichen Verhaltens

Evolutionäre Theorien betonen, dass Verhalten ganz allgemein zum Teil durch unsere evolutionäre Vergangenheit determiniert ist. Demnach wird Verhalten selektiert, welches das eigene Überleben und die eigene Fortpflanzung sichert. Zudem wird das Verhalten durch natürliche Selektion gefördert, das einer genetisch verwandten Person hilft. Durch die Fortpflanzung eigener Verwandter wird zu einem Teil das eigene Erbgut weitergegeben. Wenn man Verwandten hilft, hilft man also in gewissem Maße sich selbst. Entsprechend dem evolutionären Ansatz hilft man biologisch nahen Verwandten, wie Geschwistern, die im Durchschnitt ca. 50 Prozent ihrer Gene teilen, eher als biologisch entfernteren Verwandten, wie Cousinen, die im Durchschnitt ca. 12,5 Prozent ihrer Gene teilen. Zudem tritt dieser Effekt besonders stark in biologisch bedeutsamen Situationen auf. Wenn es also um Leben oder Tod geht, spielt der Verwandtschaftsgrad eine größere Rolle als in alltäglichen Hilfesituationen (Burnstein, Crandall & Kitayama, 1994).

Warum hilft man aber auch Personen, die mit einem nicht genetisch verwandt sind? Warum tritt oftmals sogar Verhalten auf, bei dem einer völlig fremden Personen geholfen wird? Evolutionäre Psychologen verweisen dabei auf die Erwartung, dass Hilfe in der Zukunft erwidert wird. Diese sogenannte *Reziprozitätsnorm* besagt, dass man, wenn man etwas erhalten hat, sich verpflichtet fühlt, etwas zurückzugeben.

Merke
▶ Nach dem evolutionären Ansatz werden Hilfeleistungen gezeigt, um den Fortbestand des eigenen Erbguts zu fördern. ◀◀

10.1.2 Sozialer Austausch

Wie der evolutionäre Ansatz geht die Theorie des sozialen Austauschs davon aus, dass Hilfeverhalten aus Selbstinteresse heraus geleistet wird (Thibaut & Kelley, 1959). Entsprechend einer ökonomisch-rationalen Perspektive sind Menschen bestrebt, den eigenen Nutzen zu maximieren und die eigenen Kosten zu minimieren. Hilfeverhalten tritt demnach auf, wenn der Nutzen höher ist, als es die Kosten sind. Entgegen dem evolutionären Ansatz wird jedoch keine genetische Ursache postuliert. Menschen wägen den potentiellen Nutzen hilfreichen Verhaltens (z. B. soziale Anerkennung und ein positives Selbstbild) mit den Kosten (z. B. physische Gefahr sowie Zeit und Geld) ab. Dabei müssen Nutzen und Kosten für Hilfeverhalten mit denen für unterlassenes Hilfeverhalten verglichen werden. So kann unterlassene Hilfeleistung zu einer Missbilligung anderer führen und Stressgefühle auslösen, da man mit der notleidenden Person mitfühlt.

Merke
▶ Nach der Theorie des sozialen Austauschs wird Hilfe geleistet, wenn der Nutzen des Helfens und die Kosten des Nichthelfens größer sind als die Kosten des Helfens und der Nutzen des Nichthelfens. ◀◀

10.1.3 Empathie-Altruismus-Hypothese

Sowohl der evolutionäre Ansatz als auch die Theorie des sozialen Austauschs postulieren also, dass Hilfeverhalten aus egoistischen Motiven geleistet wird, mit dem Ziel, dass man selbst einen gewissen Nutzen aus seinem Verhalten ziehen kann. Manche Sozialpsychologen haben ein positiveres Bild menschlichen Verhaltens und gehen davon aus, dass Hilfe auch aus dem Motiv heraus gegeben wird, dass es dem Hilfeempfänger besser geht. Der bekannteste Vertreter dieses Ansatzes ist Daniel Batson (1991). Er räumt zwar ein, dass Menschen oftmals aus egoistischen Motiven heraus helfen. Allerdings postuliert er, dass sie oft auch aus *altruistischen* Motiven zu Hilfeverhalten bereit sind. Und zwar zeigen Menschen hilfreiches Verhalten, ohne auf den eigenen Vorteil zu achten, wenn sie *Empathie* gegenüber der Person in Not empfinden. Empathie umfasst dabei sowohl eine kognitive als auch eine affektive Komponente. Die kognitive Komponente stellt die Fähigkeit dar, die Perspektive der notleidenden Person einnehmen zu können. Die emotionale Komponente stellen Gefühle wie Mitgefühl und Mitleid dar. Wenn man also Empathie mit einer notleidenden Person verspürt, dann hilft man mit dem Ziel, dass es dem Hilfeempfänger besser geht. Wenn man dagegen keine Empathie verspürt, wird man nur dann helfen, wenn man sich vom Hilfeverhalten einen eigenen Vorteil verspricht. Batsons Modell ist in **Abbildung 10.1** dargestellt.

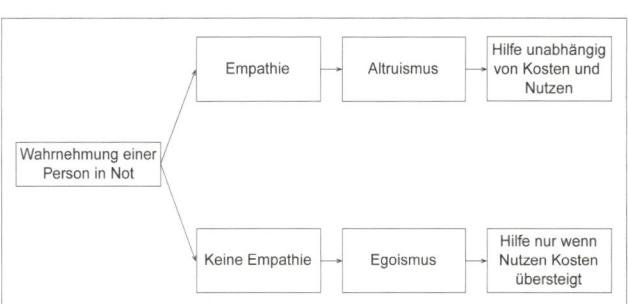

Abb. 10.1: Die Empathie-Altruismus-Hypothese (nach Batson, 1991)

Batson und Kollegen entwickelten ein innovatives Forschungs-
paradigma, mit dem man die Empathie-Altruismus-Hypothese überprüfen kann. Die Not einer anderen Person löst im
Allgemeinen einen unangenehmen Gefühlszustand bei einem
potentiellen Helfer aus. Falls man die Notsituation der anderen
Person kaum oder gar nicht ausblenden kann (nach Batson:
Fluchtmöglichkeit schwierig), wird man helfen – egal, ob man
Empathie verspürt oder nicht. Falls man dagegen die Notsituation der anderen Person ausblenden kann (nach Batson:
Fluchtmöglichkeit leicht), wird man helfen, wenn man Empathie verspürt, nicht jedoch, wenn man keine Empathie ver-
spürt.

Diese Überlegungen wurden von Batson und Kollegen mehrfach empirisch überprüft. In einer Studie von Toi und Batson
(1982) beispielsweise erfuhren Probanden über eine bestimmte
Notsituation einer Mitstudentin (Carol). Empathie wurde induziert, indem sie sich vorstellen sollten, wie sich Carol fühlt („Empathie hoch"). In der Bedingung „Empathie niedrig" wurden die
Probanden aufgefordert, objektiv zu bleiben und sich nicht davon leiten zu lassen, wie es Carol geht. Zudem wurde variiert,
wie leicht oder schwierig man die Not von Carol ausblenden
kann. In der Bedingung „Fluchtmöglichkeit schwierig" wurde
den Probanden gesagt, dass sie Carol während des Semesters
häufig sehen würden. In der Bedingung „Fluchtmöglichkeit
leicht" hieß es dagegen, sie würden sie in der Folgezeit nicht
mehr sehen.

Wie vorhergesagt, waren die Probanden in der Bedingung
„Empathie niedrig" hilfsbereiter bei der schwierigen gegenüber
der leichten Fluchtmöglichkeit. Die Hilfsbereitschaft der Probanden in der Bedingung „Empathie hoch" hing dagegen nicht
von der Fluchtmöglichkeit ab. In beiden Fällen wurde ähnlich
oft geholfen wie in der Bedingung Empathie niedrig/Fluchtmög-
lichkeit schwierig (s. **Abb. 10.2**).

Empathische Hilfe scheint tatsächlich motiviert zu sein durch
eine altruistische Sorge um das Wohlergehen einer anderen Person. Hilfeleistung, die nicht durch Empathie ausgelöst wird, ist
dagegen eigennützig motiviert: Man hilft, um nicht selbst zu
leiden, wenn man jemanden in Not sieht.

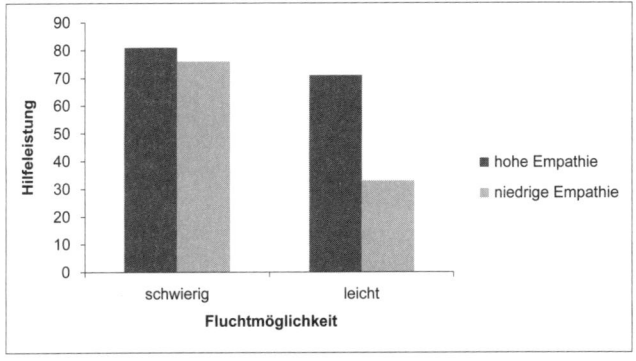

Abb. 10.2: Hilfeleistung in Abhängigkeit von der Empathie und der Fluchtmöglichkeit (nach Toi & Batson, 1982)

Merke
▶ Empathie-Altruismus-Hypothese: Wenn wir Empathie verspüren, helfen wir aus Altruismus heraus (unabhängig vom eigenen persönlichen Nutzen). ◄◄

10.2 Wann helfen wir?

Wie gerade besprochen, helfen Menschen aus unterschiedlichen Gründen. Im Folgenden diskutieren wir, wie sich unterschiedliche situative Umstände auf Hilfeverhalten auswirken.

10.2.1 Anzahl der Zuschauer (Bystander)

Hilfeverhalten war bis zu den 60er Jahren im vergangenen Jahrhundert nur selten ein Thema sozialpsychologischer Forschung. Dann kam es zu einem Ereignis, das eine wahre Flut theoretischer und empirischer Arbeiten auslöste. Und zwar wurde eine Frau (Kitty Genovese) mitten in New York City überfallen und getötet. Der Überfall zog sich über 45 Minuten hinweg und bestand aus drei einzelnen Attacken. Wegen der Schreie des Opfers und wegen angehender Lichter in angrenzenden Apartments zog sich der Täter zweimal zurück. Da jedoch niemand intervenierte, kam er beide Male zurück und erstach die Frau schließlich. Die Öffentlichkeit war geschockt, und fassungslos wurde die Frage diskutiert, warum niemand intervenierte, obwohl viele Menschen Zeugen des Überfalls waren. Bibb Latané und John Darley postulierten, dass keine Hilfe geleistet wurde, gerade weil viele Menschen den Notfall mitbekommen hatten. Sie postulierten den Bystander-Effekt, wonach mit zunehmender Anzahl an Zuschauern (englisch bystander), die einen Notfall beobachten, die Wahrscheinlichkeit abnimmt, dass eine von diesen Personen eingreift.

Definition

▶ Bystander-Effekt: Je größer die Anzahl der Zuschauer, die einen Notfall beobachten, desto geringer ist die Wahrscheinlichkeit, dass einer von diesen Zuschauern eingreift. ◀◀

Zahlreiche Studien wurden durchgeführt, die den Bystander-Effekt bestätigten. So mindert die Anwesenheit anderer Personen die individuelle Bereitschaft bei einer Reifenpanne zu helfen, einer Nonprofit-Organisation zu spenden oder heruntergefallene Stifte in einem Fahrstuhl aufzuheben.

Nach Latané und Darley (1970) müssen fünf Schritte erfolgreich durchlaufen werden, damit ein Beobachter einer Person in Not hilft. Ein Beobachter muss

1. die Situation wahrnehmen,
2. die Situation als Notlage interpretieren,
3. Verantwortung übernehmen,
4. entscheiden, wie zu helfen ist und
5. schließlich die Hilfeaktion durchführen.

In einem ersten Schritt muss also gewährleistet sein, dass ein Beobachter die Notsituation überhaupt wahrnimmt. In großen Städten beispielsweise wird die Not anderer weniger zur Kenntnis genommen. Tatsächlich nimmt die Hilfsbereitschaft mit zunehmender Bevölkerungsdichte ab (Levine, Martinez, Brase & Sorenson, 1994).

Im zweiten Schritt muss die Situation als Notlage interpretiert werden. Insbesondere in uneindeutigen Situationen entsteht *pluralistische Ignoranz.*

Beispiel
▶ Sie fahren mit dem Zug und bemerken eine bewusstlose Person, die ächzende Geräusche von sich gibt. Sie reagieren alarmiert, zögern jedoch zunächst, ob sie eingreifen sollen. Schließlich ist es denkbar, dass die Person unruhig schläft und nicht geweckt werden möchte. Sie blicken sich um und sehen, dass auch andere auf die bewusstlose Person aufmerksam wurden. Keine dieser Personen jedoch zeigt Anstalten, etwas zu unternehmen. Sie kommen daher zu dem Schluss, dass kein Notfall vorliegt, da sonst sicher jemand auf die bewusstlose Person zugegangen wäre. Dabei wird übersehen, dass sich auch die anderen Beobachter aneinander orientieren (unter anderem an Ihnen) und ebenfalls unsicher sind, ob tatsächlich ein Notfall vorliegt. In der Folge wird häufig eine Notlage nicht als solche wahrgenommen, und Hilfeleistung unterbleibt. ◄◄

Im dritten Schritt muss Verantwortung übernommen werden. Falls viele Personen Zeuge einer Notsituation sind, kann eine *Diffusion von Verantwortlichkeit* resultieren. Jeder Beobachter geht davon aus, dass eine andere Person helfen wird.

Wenn der Entschluss zur Hilfe steht, muss im vierten Schritt die Entscheidung getroffen werden, wie zu helfen ist. Mangelndes Wissen, wie beispielsweise Erste Hilfe zu leisten ist, stellt auf dieser Stufe eine Barriere hilfreichen Verhaltens dar.

Im fünften Schritt schließlich muss die Hilfeaktion durchgeführt werden. Dabei kann die Anwesenheit anderer die Bereitschaft zu Hilfeleistungen mindern aus einer Angst heraus, das eigene Eingreifen könnte negativ beurteilt werden (sogenannte *Bewertungsangst*).

Merke
▶ Der Bystander-Effekt tritt vor allem aus drei Gründen auf: wegen pluralistischer Ignoranz, Verantwortungsdiffusion und Bewertungsangst (Latané & Nida, 1981). ◄◄

10.2.2 Medieneinflüsse

Medien sind heute allgegenwärtig. Schätzungen zufolge sind wir ungefähr die Hälfte unserer Wachzeit Medieneinflüssen ausgesetzt. Daher liegt es nahe, sich die Frage nach den Auswirkungen von Medienkonsum auf Hilfeverhalten zu stellen. Sozialpsychologische Forschung hat ergeben, dass Medien in der Tat Hilfeverhalten beeinflussen können, und zwar sowohl in positiver wie in negativer Hinsicht. Medien mit prosozialen Inhalten (wie prosoziale Computerspiele, bei denen es das Ziel ist, andere Spielcharaktere zu unterstützen) fördern Hilfeverhalten (Greitemeyer, 2011). Dagegen mindert der Konsum von Medien mit aggressiven Inhalten (wie Gewaltvideospiele) die Wahrscheinlichkeit hilfreichen Verhaltens (Bushman & Huesmann, 2006). Ob Medien also negative oder positive Auswirkungen auf Hilfeverhalten haben, hängt entscheidend von ihrem Inhalt ab.

10.2.3 Residentielle Mobilität

Wie oben aufgeführt, wird Hilfeverhalten dadurch beeinflusst, wo man wohnt: In großen Städten wird weniger geholfen als in kleinen Städten. Zudem spielt aber auch eine Rolle, wie oft man den Wohnort wechselt. Oishi und Kollegen (2007) konnten feststellen, dass stabile Nachbarschaften (in denen Bewohner selten umziehen) mit einer erhöhten Bereitschaft, sich prosozial zu verhalten, assoziiert sind. Tatsächlich waren Bewohner in stabilen Nachbarschaften eher bereit, zusätzlich zum Autokennzeichen eine Plakette zu kaufen, deren Erlös für den Heimatschutz verwendet wird.

10.3   Wer hilft?

In manchen Situationen ist die Wahrscheinlichkeit hilfreichen Verhaltens höher als in anderen Situationen. Gleichfalls sind manche Personen hilfsbereiter als andere. Worin unterscheiden sich diese von wenig hilfsbereiten Personen?

10.3.1   Gibt es eine altruistische Persönlichkeit?

Empathie ist, wie bereits erwähnt, ein zentrales Konzept in der Empathie-Altruismus-Hypothese nach Batson. Bisher haben wir Empathie nur als *State* (vorübergehenden emotionalen Zustand) betrachtet, dass man in einer bestimmten Situation Mitgefühl gegenüber einer notleidenden Person verspürt. Empathie kann aber auch als *Trait* (relativ stabiles Merkmal) aufgefasst werden, dass manche Menschen mehr als andere ein generelles Mitgefühl anderen gegenüber zeigen. Allerdings ist der Zusammenhang zwischen dem Persönlichkeitsmerkmal „Empathie" und tatsächlichem Hilfeverhalten nur schwach ausgeprägt. Zudem ist relativ unklar, ob eine Person, die einer bedürftigen Person geholfen hat, auch einer anderen Person in einer anderen Situation helfen wird.

Merke

▶ Situative Einflüsse sind bei der Vorhersage hilfreichen Verhaltens bedeutsamer als stabile Persönlichkeitseigenschaften. Persönlichkeitseigenschaften sagen hilfreiches Verhalten in spezifischen Situationen vorher, die Vorhersage lässt sich aber kaum auf andere Situationen übertragen und generalisieren. ◄◄

10.3.2 Geschlechtsunterschiede

Sind Frauen oder Männer hilfsbereiter? Dies ist situationsabhängig. Männer helfen eher als Frauen in Situationen, die „ritterliches, heroisches" Verhalten erfordern. So werden mehr Männer als Frauen mit Medaillen ausgezeichnet, die heldenhaftes Verhalten anerkennen. Frauen leisten dagegen mehr als Männer soziale Unterstützung, wenn Freunde in der Not sind, und sie sind eher bereit, zeitintensive Freiwilligenarbeit zu leisten (Eagly, 2009).

10.3.3 Religion

Wenn man Personen nach ihrer religiösen Orientierung und ihrer Hilfsbereitschaft befragt, zeigt sich regelmäßig ein positiver Zusammenhang. Wenn man jedoch den Zusammenhang zwischen religiöser Orientierung und tatsächlichem Hilfeverhalten erfasst, so fällt die Korrelation deutlich geringer aus. Gläubige Personen sehen sich selbst als sehr hilfsbereit an, unterscheiden sich aber kaum in ihrer tatsächlichen Hilfsbereitschaft von wenig religiösen Menschen (Batson, Schoenrade & Ventis, 1993).

10.3.4 Stimmungseffekte

Wenn man um Hilfe bittet, so sollte es von großem Vorteil sein,
wenn der potentielle Helfer gut gelaunt ist. Eine Vielzahl empirischer Studien zeigt, dass *positive Stimmung* Hilfeverhalten
steigert. Eine Metaanalyse von Carlson, Charlin und Miller
(1988) ergab eine mittlere Effektstärke von r = .54.

Warum führt positive Stimmung zu mehr Hilfeverhalten?
Zum einen fokussieren gut gelaunte Personen auf sich selbst und
werden sich ihrer eigenen Werte besonders bewusst. Da die
meisten von uns Hilfsbereitschaft als wichtigen Wert ansehen,
führt positive Stimmung zu mehr Hilfeverhalten. Zum zweiten
tendiert man gut gelaunt dazu, dass man Gegebenheiten in einem positiven Licht sieht. Daher wird von einer Person in Not
eher angenommen, dass sie die Hilfe verdienen würde. Schließlich sind sich die meisten Menschen bewusst, dass eine Hilfeleistung dazu führt, dass die eigene positive Stimmung länger
anhält.

Interessanterweise steigert *negative Stimmung* ebenfalls prosoziales Verhalten (relativ zu neutraler Stimmung). Im Vergleich
zu den Auswirkungen positiver Stimmung fällt dieser Effekt
etwas geringer aus: Eine Metaanalyse von Carlson und Miller
(1987) ergab eine mittlere Effektstärke von r = .23. In negativer
Stimmung helfen Menschen vor allem aus dem Bedürfnis heraus,
die eigene Stimmung zu verbessern.

 Merke
▶ Sowohl positive als auch negative (gegenüber neutraler)
Stimmung wirkt sich förderlich auf Hilfeverhalten aus. Die för-
derliche Wirkung von positiver Stimmung ist dabei noch größer
als von negativer Stimmung. ◀◀

10.4   Wem wird geholfen?

Bisher haben wir betrachtet, warum und wann Personen helfen
und welche Personen hilfsbereiter sind als andere. Im Folgenden
gehen wir auf die Person des Hilfesuchenden ein.

10.4.1 Ähnlichkeit zwischen Helfer und hilfesuchender Person

Wie im Kapitel 9 „Interpersonelle Attraktion und Liebesbeziehungen" besprochen, ist es die Ähnlichkeit und nicht die Gegensätzlichkeit, die interpersonelle Attraktion hervorruft. Entsprechend wird einer Person eher von jemandem geholfen, der ihr hinsichtlich eines Merkmals ähnelt, als von jemandem, der keine Ähnlichkeiten zu der Person in Not aufweist. So hilft man beispielsweise eher jemandem aus der Eigengruppe als jemandem aus einer Fremdgruppe (Dovidio, Gaertner, Validzic, Matoka, Johnson & Frazier, 1997).

10.4.2 Physische Attraktivität

Wie ebenso im Kapitel 9 „Interpersonelle Attraktion und Liebesbeziehungen" erörtert, werden physisch attraktive Personen im Allgemeinen positiver beurteilt als weniger attraktive. Als Folge dessen reagiert die Umwelt attraktiven und unattraktiven Personen gegenüber unterschiedlich, was sich auch im Kontext Hilfeverhalten gezeigt hat. In einer Feldstudie von Benson und Kollegen (Benson, Karabenick & Lerner, 1976) fanden Probanden beim Besuch einer Telefonzelle eine ausgefüllte, adressierte und mit Briefmarke versehene Bewerbung für die Universität. Die Bewerbung enthielt ein Foto des vermeintlichen Bewerbers (entweder eine Frau oder ein Mann). Dieser Bewerber war entweder physisch attraktiv oder unattraktiv (was durch einen Vortest belegt wurde). Benson und Kollegen überprüften, ob die Bewerbung durch die Finder verschickt wurde. Das Geschlecht des Bewerbers wirkte sich nicht auf die Hilfsbereitschaft aus: Die Bewerbungen der weiblichen und der männlichen Bewerber wurden ungefähr gleich häufig verschickt. Auch das Geschlecht der untersuchten Personen spielte keine Rolle. Es zeigte sich allein ein Effekt der Attraktivität des Bewerbers: Die Bewerbung eines attraktiven Bewerbers wurde häufiger verschickt als die Bewerbung eines unattraktiven. Weitere Studien ergaben, dass attraktiven Personen nicht nur häufiger, sondern auch effektiver geholfen wird als unattraktiven. Um Hilfe zu bekommen, wendet man sich dagegen eher an unattraktive Personen (Nadler, Shapira & Ben-Itzhak, 1982).

10.4.3 Attribution

Beispiel

► Es ist Sommersemester und über Wochen hinweg strahlender Sonnenschein. Vor jeder Vorlesung haben Sie sich überlegt, ob Sie nicht lieber ins Freibad gehen sollten. Als pflichtbewusste Studentin haben Sie sich jedoch immer für den Vorlesungsbesuch entschieden. Eine Woche vor der Prüfung kommt eine Kommilitonin, die Sie im ganzen Semester noch nie gesehen haben, auf Sie zu und fragt, ob Sie ihr Ihre Vorlesungsaufzeichungen leihen würden. Während Sie mangels Sonnenbestrahlung recht bleich sind, ist Ihre Kommilitonin braungebrannt und offensichtlich gut erholt. Würden Sie ihr Ihre Aufzeichnungen ausleihen? Möglicherweise werden Sie antworten, dass Sie die Aufzeichnungen leider nicht dabei haben, obwohl sie in Ihrer Tasche sind. Und möglicherweise würden Sie anders reagieren, wenn die Kommilitonin an Krücken gehen würde und die Vorlesung aufgrund eines schweren Unfalls nicht hat besuchen können. ◄◄

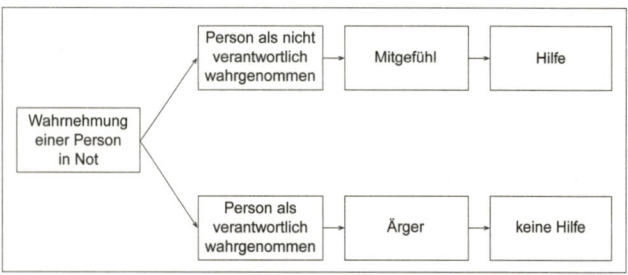

Abb. 10.3: Auswirkungen von Verantwortlichkeitswahrnehmungen auf Hilfeverhalten vermittelt über die Emotionen Mitgefühl und Ärger (nach Weiner, 1995)

In dem genannten Beispiel werden die meisten Beobachter zu dem Schluss kommen, dass die braungebrannte Kommilitonin für ihre Notlage selbst verantwortlich ist, wohingegen die Kommilitonin an Krücken nicht verantwortlich gemacht werden kann. Unter anderem Weiner (1995) betont die Rolle der *wahr-*

genommenen Verantwortlichkeit des Notleidenden, ob Hilfe gewährt wird oder nicht. Nach Weiner ruft geringe Verantwortlichkeit der bedürftigen Person Mitleid beim Beobachter hervor, was sich in Hilfeverhalten auswirkt. Hohe Verantwortlichkeit dagegen führt zu Ärger, was die Wahrscheinlichkeit hilfreichen Verhaltens reduziert. Weiners Modell ist in **Abbildung 10.3** dargestellt.

10.5 Wie kann man Hilfsbereitschaft erhöhen

Beispiel

▶ Stellen Sie sich vor, Sie verspüren ein plötzliches Unwohlsein, verbunden mit einem akuten Schwindelgefühl. Sie gehen zu Boden und benötigen dringend Hilfe. Um Sie herum stehen einige Personen, doch keine von diesen macht Anstalten, Hilfe zu leisten. Sie können gerade noch Ihr sozialpsychologisches Wissen aktivieren und erinnern sich, dass die individuelle Hilfsbereitschaft mit zunehmender Zahl an Beobachtern einer Notsituation sinkt und dass pluralistische Ignoranz und Diffusion von Verantwortung entscheidend dazu beitragen. Daher sprechen Sie gezielt eine der anwesenden Person an und sagen ihr konkret, was Sie sich von ihr wünschen. ◀◀

Tatsächlich tritt der Bystander-Effekt fast nicht mehr auf, wenn Hilfebegehren an eine Person direkt gerichtet wird. Dadurch treten pluralistische Ignoranz und Verantwortungsdiffusion in geringem Maße auf. Markey (2000) untersuchte das Auftreten des Bystander-Effekts in einem Chatroom. Er stellte die Frage, ob jemand sagen kann, wie er das Profil eines anderen Teilnehmers ansehen kann. Diese Anfrage war entweder personalisiert (der Name eines weiteren Teilnehmers wurde genannt) oder nicht personalisiert (kein Teilnehmer wurde namentlich angesprochen). Es trat der typische Bystander-Effekt auf, dass die Anfrage langsamer beantwortet wurde, je mehr Personen Teil des Chatrooms waren. Wenn jedoch eine Person direkt angesprochen wurde, wurde rasch auf die Frage reagiert und die

Zeitdauer, bis geantwortet wurde, hing nicht von der Anzahl der Teilnehmer ab.

Merke
► Das gezielte Ansprechen eines potentiellen Helfers mindert das Auftreten des Bystander-Effekts. ◄◄

Nach der Lektüre dieses Kapitels sind Sie nicht nur in der Lage, effektiv nach Hilfe zu fragen (indem Sie eine Person direkt ansprechen), es ist auch wahrscheinlich, dass Sie selber in der Gegenwart anderer Personen in einer Notsituation Hilfe leisten. Zumindest zeigte sich, dass Wissen über den Bystander-Effekt Hilfsbereitschaft erhöht. In einer Studie von Beaman und Kollegen (Beaman, Barnes, Klentz & McQuirk, 1978) besuchte ungefähr die Hälfte der Probanden eine Vorlesung, in der der Bystander-Effekt besprochen wurde. Die andere Hälfte, die Kontrollgruppe, nahm an keiner Vorlesung teil. In einer zweiten experimentellen Sitzung wurden in Anwesenheit eines Mitarbeiters des Versuchsleiters die Probanden Zeugen eines Fahrradunfalls. Während 67 Prozent der Probanden halfen, die zuvor über den Bystander-Effekt informiert wurden, halfen nur 27 Prozent aus der Kontrollgruppe. Die Vermittlung sozialpsychologischen Wissens kann demnach bedeutsame praktische Konsequenzen haben, indem Hilfeleistungen im Alltag gesteigert werden.

Merke
► Wissen über den Bystander-Effekt erhöht die Bereitschaft, Hilfe zu leisten. ◄◄

Zusammenfassung

Hilfeverhalten ist eine Form prosozialen Verhaltens und umfasst jedes Verhalten, das dem Wohlbefinden einer anderen Person zugutekommt. Evolutionäre Ansätze und die Theorie des sozialen Austauschs betonen, dass Menschen aus egoistischen Motiven helfen. Die Empathie-Altruismus-Hypothese besagt, dass Menschen auch aus altruistischen Motiven helfen, und zwar wenn sie Empathie gegenüber der Person in Not verspüren. Die Anwesenheit von mehreren Personen, die einen Notfall beobachten, mindert die Wahrscheinlichkeit, dass eine von diesen Personen eingreift. Gründe für diesen sogenannten Bystander-Effekt sind die Phänomene pluralistische Ignoranz, Verantwortungsdiffusion und Bewertungsangst. Persönlichkeitsmerkmale eines potentiellen Helfers sagen kaum vorher, ob Hilfe in verschiedenen Situationen geleistet wird oder nicht. Positive als auch negative (gegenüber neutraler) Stimmung wirkt sich förderlich auf Hilfeverhalten aus. Opfern, die als verantwortlich für ihre Notlage wahrgenommen werden, erhalten weniger Hilfe als solche, die als nicht verantwortlich wahrgenommen werden. Hilfeleistung kann gesteigert werden, wenn potentielle Helfer direkt um Hilfe gebeten werden. Dadurch vermindern sich pluralistische Ignoranz und Verantwortungsdiffusion.

Literaturempfehlungen

Batson, C. D. (1991). *The altruism question: Toward a social-psychological answer.* Hillsdale, NJ: Erlbaum.

Bierhoff, H. W. (2010). *Psychologie prosozialen Verhaltens. Warum wir anderen helfen* (2., vollst. überarb. Aufl.). Stuttgart: Kohlhammer.

Clark, D. (2003). *Pro- and anti-social behaviour.* Hove: Routledge Modular Psychology.

Dovidio, J. F., Piliavin, J. A., Schroeder, D. A. & Penner, L. A. (2006). *The social psychology of prosocial behavior.* Mahwah, NJ: Lawrence Erlbaum Associates.

Penner, L. A., Dovidio, J. F., Piliavin, J. A. & Schroeder, D. A. (2005). Prosocial behavior: Multilevel perspectives. *Annual Review of Psychology, 56,* 365–392.

Stürmer, S. & Snyder, M. (Hrsg.) (2009). *The psychology of prosocial behavior: Group processes, intergroup relations, and helping.* Oxford: Wiley-Blackwell.

Fragen zur Selbstüberprüfung

1. Diskutieren sie Erklärungsansätze hilfreichen Verhaltens.
2. Wie kann man überprüfen, ob eine Person aus altruistischen oder egoistischen Motiven hilft?
3. Welches sind die Hauptursachen für das Auftreten des Bystander-Effekts?
4. Wie und warum wirken sich positive und negative Stimmung auf hilfreiches Verhalten aus?
5. Wie kann man attributional erklären, ob einer Person geholfen wird oder nicht?
6. Wie kann hilfreiches Verhalten im Alltag gesteigert werden?

11 Aggression

Inhalt
Durch aggressives Verhalten versucht man, einer anderen Person einen Schaden zuzufügen. Frustrationen und allgemeine aversive Reize erhöhen die Auftretenswahrscheinlichkeit aggressiven Verhaltens. Verschiedene situative und dispositionale Faktoren beeinflussen jede für sich, aber auch im Zusammenspiel Aggression, was zu einer Eskalation von Gewalt führen kann.

Während hilfreiches Verhalten sozialen Interaktionen dienlich ist, vermindert das Auftreten aggressiven Verhaltens die Qualität interpersoneller Beziehungen. Leider ist aggressives Verhalten ein weit verbreitetes Phänomen, das in den unterschiedlichsten Facetten auftreten kann. Es seien hier nur zwei Beispiele genannt: 1. der Amoklauf von Winnenden: Tim K. tötet fünfzehn Menschen; 2. der Missbrauchsfall von Amstetten: Josef F. hält über Jahre hinweg seine Tochter im Keller gefangen und vergewaltigt sie vielfach. In beiden Fällen wird einer Person ein Schaden zugefügt, den die andere vermeiden möchte. Dies ist ein Kriterium der Definition aggressiven Verhaltens. Ein weiteres Kriterium betont die Absicht des Verhaltens.

Beispiel
► Wenn also beispielsweise Thomas aus Versehen Roland zu Boden wirft, würde man nicht von Aggression sprechen, selbst wenn sich Roland den Arm dabei bricht. Anderseits kann allein die Absicht ausreichen, damit man von Aggression spricht. Wenn Thomas versucht, Roland zu schlagen, ihn aber nicht trifft, würde man demnach von aggressivem Verhalten sprechen. ◄◄

Definition

▶ Unter Aggression versteht man ein Verhalten, das mit dem Ziel ausgeführt wird, einer anderen Person zu schaden. Diese Person wiederum ist bestrebt, den Schaden zu vermeiden. ◄◄

Ein sadistisches Verhalten einer masochistischen Person gegenüber wird demnach nicht als aggressives Verhalten aufgefasst. *Gewalt* stellt eine extreme Form aggressiven Verhaltens dar, mit der einer anderen Person beträchtlicher physischer Schaden zugefügt wird. Aggressives Verhalten kann weiterhin differenziert werden in:

Definition

▶ Feindselige Aggression: Sie dient ausschließlich dazu, einer anderen Person einen Schaden zuzufügen.

Instrumentelle Aggression: Sie dient als Mittel, ein bestimmtes Ziel zu erreichen. ◄◄

Im Folgenden betrachten wir zunächst situative Determinanten aggressiven Verhaltens und diskutieren, warum und unter welchen Umständen sich Personen aggressiv verhalten. Anschließend besprechen wir persönliche Determinanten aggressiven Verhaltens und betrachten, welche Personengruppen aggressiver sind als andere. Daraufhin besprechen wir das Zusammenspiel von Situation und Person in der Erklärung von Aggression und schließen das Kapitel mit Interventionsmöglichkeiten, wie die Wahrscheinlichkeit aggressiven Verhaltens gemindert werden kann.

11.1 Situative Determinanten aggressiven Verhaltens

11.1.1 Warum verhalten sich Menschen aggressiv?

Frustrations-Aggressions-Hypothese

Über lange Zeit hinweg war die *Frustrations-Aggressions-Hypothese* die bedeutsamste sozialpsychologische Theorie zur Entstehung aggressiven Verhaltens. Sie wurde zum Ende der 30er

Jahre des vergangenen Jahrhunderts von Dollard und Kollegen (Dollard, Doob, Miller, Mowrer & Sears, 1939) aufgestellt. In ihrer ursprünglichen Form ging man von zwei Grundannahmen aus:

1. Frustration führt immer zu Aggression.
2. Aggression ist immer eine Folge von Frustration.

Unter *Frustration* wird dabei verstanden, dass man daran gehindert wird, ein bestimmtes Ziel zu erreichen.

Beispiel
▶ Wenn eine Person hungrig zum Bäcker geht, aber alle belegten Brote bereits verkauft worden sind, dann führt das nach dieser Hypothese immer zu aggressivem Verhalten – die Verkäuferin wird beschimpft. ◀◀

Die Frustrations-Aggressions-Hypothese trifft also deterministische Vorhersagen (eine Ursache bewirkt immer eine bestimmte Konsequenz), was ihre Popularität, aber auch ihre Angreifbarkeit gefördert hat. Heutige (sozial-)psychologische Theorien sind vorsichtiger formuliert und treffen keine deterministischen, sondern probabilistische Vorhersagen (eine Variable erhöht die Auftretenswahrscheinlichkeit einer zweiten Variablen). Frustration kann zu Aggression, aber auch zu anderen Verhaltensweisen führen. Zudem ist Aggression manchmal – aber nicht immer – die Folge einer Frustration.

Kognitiv-neoassoziationistische Perspektive

In der Tat wurde in einer einflussreichen Revision der Frustrations-Aggressions-Hypothese von Berkowitz (1990) postuliert, dass negative Gefühlszustände die Auftretenswahrscheinlichkeit aggressiven Verhaltens erhöhen. Da Frustration eine unangenehme Erfahrung ist, die mit negativen Gefühlszuständen einhergeht, geht auch Berkowitz davon aus, dass Frustration zu Aggression führen kann. Allerdings wird seiner Ansicht nach aggressives Verhalten nicht nur durch Frustrationen, sondern ganz allgemein durch aversive Ereignisse hervorgerufen, die über negative Gefühlszustände zu Aggression (oder zu Fluchtverhalten) führen. Nach Berkowitz kann also jedes Objekt, das mit negativen Gefühlszuständen oder Aggression assoziiert ist, Aggression auslösen.

Merke
▶ Stimuli, die mit Aggression oder negativen Gefühlszuständen verbunden sind, erhöhen die Auftretenswahrscheinlichkeit aggressiven Verhaltens. ◀◀

Soziale Lerntheorie

Nach sozialen Lerntheorien wird aggressives Verhalten auf zwei Wegen gelernt: über operante Konditionierung und über Lernen am Modell.

Operante Konditionierung meint, dass zukünftiges Verhalten von den Konsequenzen vergangenen Verhaltens abhängt. Ein Verhalten, das zu positiven Konsequenzen geführt hat, wird in Zukunft häufiger gezeigt, wohingegen ein Verhalten, das zu negativen Konsequenzen geführt hat, in Zukunft seltener auftritt.

Beispiel
▶ Wenn man sich an einer Kasse vordrängelt und andere Kunden darin Durchsetzungsfähigkeit erkennen (und man zudem Zeit spart), wird man in Zukunft häufiger versuchen, sich vorzudrängeln. Wenn dagegen andere signalisieren, dass sie dieses Verhalten als rücksichtslos missbilligen, wird man sich in Zukunft eher hinten anstellen. ◀◀

Lernen am Modell besagt, dass man das Verhalten anderer Personen nachahmt, wenn man sich positive Konsequenzen des gezeigten Verhaltens verspricht. In einer klassischen Studie von Bandura und Kollegen (Bandura, Ross & Ross, 1961) sahen Kinder einen Film, in dem ein Junge (Rocky) für das Zeigen aggressiven Verhaltens entweder belohnt oder bestraft wurde. Anschließend wurden die Kinder beim Spielen mit verschiedenen Spielzeugen beobachtet. Die Kinder, die den Film gesehen hatten, in dem Rocky belohnt wurde, waren deutlich aggressiver als die anderen Kinder.

Merke

▶ Aggression tritt vermehrt auf, wenn man sich vom eigenen
Verhalten positive Konsequenzen verspricht. ◄◄

11.1.2 Wann verhalten sich Personen aggressiv?

Die sozialpsychologische Forschung hat eine Reihe von situativen Reizen dokumentiert, die aggressives Verhalten hervorrufen können. Im Folgenden sollen beispielhaft der Einfluss von hohen Temperaturen, der Farbe Schwarz sowie Medienkonsum aufgezeigt werden.

Die Hitze-Hypothese

Wie oben aufgeführt, argumentiert Berkowitz, dass aversive Reize, die zu negativen Gefühlszuständen führen, aggressives Verhalten auslösen können. Auf dieser Idee aufbauend postuliert die sogenannte Hitze-Hypothese, dass hohe Temperaturen mit negativem Affekt verbunden sind, der wiederum die Auftretenswahrscheinlichkeit aggressiven Verhaltens erhöht (Anderson, 2001). Tatsächlich werden im Sommer deutlich mehr Gewalttaten als in jeder anderen Jahreszeit verübt. Gleichzeitig ist die Kriminalitätsrate in den heißen Südstaaten der USA höher als in den kalten Nordstaaten.

Exkurs
▶ Eine kaum diskutierte Konsequenz des globalen Klimawandels besteht in den Gefahren einer allgemein erhöhten Gewaltneigung. Schätzungen zufolge wäre in den USA ein Anstieg der Durchschnittstemperaturen um 2 Grad Celsius mit jährlich ca. 50 000 zusätzlichen Todesfällen aus Gewaltverbrechen verbunden (Anderson, Anderson, Dorr, DeNeve & Flanagan, 2000). ◄◄

Die Farbe Schwarz

Nach Berkowitz können nicht nur unangenehme Gefühlszustände Aggression auslösen. Oftmals sind allein Objekte ausreichend, die mit negativen Gedanken assoziiert sind. Ein solches Merkmal

ist die Farbe Schwarz. In nahezu allen Kulturen ist die Farbe
Schwarz assoziiert mit Tod und Übel. Frank und Gilovich (1988)
untersuchten, ob aufgrund dieser negativen Konnotationen die
Farbe Schwarz die Auftretenswahrscheinlichkeit aggressiven
Verhaltens im Profisport erhöht. Tatsächlich zeigte sich, dass
Football- und Eishockeyteams in schwarzen Trikots mehr Team-
strafen erhielten als Teams in anderen Trikotfarben. Eine experimentelle Untersuchung ergab zudem, dass das Tragen eines
schwarzen Trikots sich kausal auf aggressives Verhalten auswirk-
te.

Medienkonsum

Die Variable, die in diesem Zusammenhang die bei weitem meiste Forschungstätigkeit ausgelöst hat, ist der Einfluss von Medienkonsum auf aggressives Verhalten. In der heutigen Zeit sind
wir vielfältigem Medienkonsum ausgesetzt. So sieht der Durch-
schnittsdeutsche täglich 3,5 Stunden fern. Noch mehr Zeit verbringen Jugendliche mit dem Spielen von Computerspielen.
Schätzungen zufolge spielen 99 Prozent aller amerikanischen
Jungen und 94 Prozent aller Mädchen Computerspiele (Lenhart,
Kahne, Middaugh, Macgill, Evans & Vitak, 2008). Deutsche
männliche Neuntklässler spielen im Durchschnitt ungefähr 2,5
Stunden am Tag elektronische Spiele, weibliche Neuntklässler
spielen etwa eine Stunde. Da Fernsehprogramme und Computerspiele oftmals gewalttätige Inhalte haben, sind viele Eltern
besorgt, dass sich der Medienkonsum ihrer Kinder negativ auf
das Sozialverhalten auswirkt.

Und zu Recht: So legen empirische Studien nahe, dass der
Konsum von Medien mit gewalttätigem Inhalt die Neigung zu
aggressivem Verhalten steigert. In einer Längsschnittstudie erfassten Huesmann und Kollegen (Huesmann, Moise-Titus, Podolski & Eron, 2003) die aggressiven Persönlichkeitseigenschaften sowie den Konsum von Mediengewalt von Kindern im Alter
von 8 Jahren. Die gleichen Personen wurden 22 Jahre später (also
im Alter von 30 Jahren) wiederum bezüglich ihrer aggressiven
Persönlichkeitseigenschaften und ihres Konsums von Mediengewalt befragt. Es zeigte sich, dass Kinder, die viel Gewalt in den

Medien konsumierten, im Erwachsenenalter verstärkt eine aggressive Persönlichkeit ausgebildet hatten. Dieser Effekt trat sogar dann auf, wenn der Einfluss der aggressiven Persönlichkeit im Kindesalter statistisch kontrolliert wurde. Der Zusammenhang zwischen Konsum von Mediengewalt und Aggression lässt sich somit nicht darauf zurückführen, dass Personen, die von Haus aus aggressiver sind, viel Gewalt in den Medien konsumieren: Der Konsum von Mediengewalt wirkt sich auch bei von Haus aus nichtaggressiven Personen negativ aus. Experimentelle Studien legen zusätzlich nahe, dass sich der Konsum von Mediengewalt tatsächlich kausal auf eine erhöhte Aggressionsbereitschaft auswirkt (Anderson & Dill, 2000). Metaanalysen schließlich unterstützen diese Befunde. Bushman und Huesmann (2006) fassten 431 Studien mit fast 70 000 Probanden zusammen, in denen der Zusammenhang zwischen dem Konsum von Mediengewalt und verschiedenen aggressiven Variablen untersucht wurde (s. **Tab. 11.1**).

Tab. 11.1: Der Zusammenhang zwischen dem Konsum gewalttätiger Medien und aggressiven Variablen (Bushman & Huesmann, 2006).

	Durchschnittliche Korrelation	Anzahl Studien	Anzahl Probanden
Aggressives Verhalten	.19	262	48 430
Aggressive Gedanken	.18	140	22 967
Ärgerliche Gefühle	.27	50	4 838

Die Zusammenhänge sind kleiner bis mittlerer Natur von ihrer Effektstärke. Jedoch sind es signifikante Korrelationen, so dass festgehalten werden kann, dass der Konsum von Mediengewalt mit dem Auftreten von Aggression zusammenhängt.

11.2   Persönliche Determinanten aggressiven Verhaltens: Welche Personen sind aggressiver als andere?

Bis hierher haben wir situative Variablen besprochen, die die Auftretenswahrscheinlichkeit von Aggression erhöhen. Unter welchen Umständen ist es also wahrscheinlich, dass sich eine Person aggressiv verhält? Es gibt aber auch große Unterschiede zwischen Personen: Manche Personen sind von Haus aus aggressiver als andere. Die speziellen Charakteristika, die beeinflussen, ob eine Person mehr oder weniger aggressiv ist, stellen die persönlichen Determinanten aggressiven Verhaltens dar.

11.2.1 Geschlecht

Das Kapitel haben wir mit zwei Beispielen aggressiven Verhaltens begonnen, die allesamt eine traurige Berühmtheit erlangt haben. In beiden Fällen war der Täter ein Mann. Diese Auswahl kann sicherlich der spezifischen Wahrnehmung des Autors geschuldet sein (welche aggressiven Akte ihm besonders im Gedächtnis geblieben sind). Jedoch sind bei den allermeisten Gewaltverbrechen Männer die Täter. Betrachten wir das Thema Amokläufe. Neben dem Amoklauf von Winnenden hat der Amoklauf von Erfurt in Deutschland die meiste Resonanz hervorgerufen. Auch hier war der Täter ein junger Mann. Den bekanntesten Fall überhaupt stellt wohl das Schulmassaker von Littleton dar, bei dem zwei männliche Schüler insgesamt zwölf Mitschüler und einen Lehrer töteten. Eine systematische Untersuchung der Umstände aller Schulmassaker, die in den USA zwischen 1995 und 2001 verübt wurden, wurde von Leary und Kollegen (Leary, Kowalski, Smith & Philips, 2003) vorgelegt. Von den insgesamt analysierten fünfzehn Fällen war nur in einem Fall ein Mädchen die Täterin. Zudem war in diesem Fall mit einer verwundeten Person der geringste Schaden zu verzeichnen.

In vielen anderen empirischen Studien wurden Geschlechtseffekte bezüglich Aggression erfasst. Eine Zusammenfassung der Ergebnisse 64 nordamerikanischer Experimente ergab, dass Männer im Allgemeinen aggressiver sind als Frauen (Bettencourt

& Miller, 1996). Jedoch hing die Stärke dieses Effekts davon ab, ob Aggression als Folge einer *Provokation* gemessen wurde. Wenn keine Provokation vorlag, waren Männer deutlich aggressiver als Frauen. Wenn jedoch Aggression als Reaktion auf eine eindeutige Provokation erfasst wurde, war dieser Effekt um etwa die Hälfte geringer.

Merke
▶ Männer sind aggressiver als Frauen, insbesondere dann, wenn keine offensichtliche Provokation vorliegt. ◀◀

Dieses Befundmuster legt nahe, dass Männer mehr als Frauen uneindeutiges Verhalten anderer Personen als provozierend empfinden und dann (ihrer Ansicht nach zu Recht) mit aggressivem Verhalten reagieren. Diese Tendenz wird als feindseliger Attributionsstil bezeichnet und im Folgenden näher beschrieben.

11.2.2 Feindseliger Attributionsstil

Beispiel
▶ Stellen Sie sich vor, Sie kommen aus der Bibliothek, in der Sie für die kommende Sozialpsychologieklausur gelernt haben. Als Sie das Gebäude verlassen, werden Sie von einer anderen Person angerempelt. Sie kommen beide zu Fall. Was geht Ihnen durch den Kopf? Sie können zu dem Schluss gelangen, dass die Person unbedingt vor Ihnen zur Tür hinaus wollte und es billigend in Kauf genommen hat, dass Sie zu Schaden kommen. Sie können sich aber auch denken, dass die Person aus Versehen gegen Sie gestoßen ist und sich dabei selbst wehgetan hat. Im ersten Fall ist es nicht unwahrscheinlich, dass Sie verärgert und aggressiv reagieren. Im zweiten Fall dagegen werden Sie voraussichtlich wenig Ärger, sondern möglicherweise sogar Mitgefühl empfinden und der Person beim Aufstehen helfen. ◀◀

Die Art und Weise, wie man sich das Verhalten anderer Personen erklärt, wird als *Attributionsstil* bezeichnet. Wenn Personen häufig dazu neigen, bei schädigendem Verhalten anderer Personen Absicht zu unterstellen, dann spricht man von einem feindseligen Attributionsstil. Insbesondere in Situationen, in denen ein objektiver Beobachter zu dem Schluss kommt, dass es unklar ist, ob eine Person aus Absicht gehandelt hat, reagieren Personen, die zu einem feindseligen Attributionsstil neigen, mit mehr Aggression als Personen mit einer geringen Neigung zu diesem Attributionsstil (Crick & Dodge, 1994).

11.2.3 Ehrenkultur

Sogenannte „Ehrenmorde" stellen die Tötung eines zumeist weiblichen Familienmitglieds dar, welches den Tätern zufolge Schande über die Familie gebracht hat, indem sie beispielsweise eine außereheliche Beziehung eingegangen ist. Im westlichen Kulturkreis werden entsprechende Berichte zumeist mit tiefstem Unverständnis kommentiert. Ehrenmorde stellen dabei aber nur die extremste Form aggressiven Verhaltens dar, in der die Täter sich in ihrer Ehre verletzt fühlen. Harmlosere Formen aggressiven Verhaltens als Folge der Bedrohung der eigenen Ehre sind in unserem täglichen Zusammenleben durchaus nicht selten.

Beispiel

► Im Endspiel der Fußballweltmeisterschaft von 2006 verpasste Zinedine Zidane, ein Sohn algerischer Einwanderer, Marco Materazzi einen Kopfstoß und erhielt die rote Karte. Später stellte sich heraus, dass Zidane zuvor von Materazzi provoziert worden war, indem dieser seine Schwester als Nutte bezeichnet hatte. ◄◄

Auch in westlichen Kulturkreisen ist der Begriff Ehrenkultur nicht unbekannt. Beim Besprechen der Hitze-Hypothese haben wir festgehalten, dass in den Südstaaten der USA mehr Gewaltverbrechen begangen werden als in den Nordstaaten. Dies liegt zum Teil an den höheren Temperaturen im Süden gegenüber dem Norden. Eine weitere Ursache wurde von Cohen und Kollegen (Cohen, Nisbett, Bowdle & Schwarz, 1996) formuliert. Demnach sind Südstaatler häufiger als Personen aus dem Norden Nachkommen von Hirten, die auf ihr Vieh aufpassen mussten. Damit einem Hirten das Vieh nicht gestohlen wurde, half ihm seine Reputation, dass man sich lieber nicht mit ihm anlegen sollte. Obwohl die Hochzeit der sogenannten Herdenkultur schon viele Jahre zurückliegt, ist ihr Einfluss noch heute bemerkbar. So reagierten männliche Versuchsteilnehmer aus dem Süden auf eine Beleidigung aggressiver als männliche Versuchsteilnehmer aus dem Norden. Wenn die männliche Ehre jedoch nicht in Frage gestellt wurde (wenn der Versuchsteilnehmer nicht beleidigt wurde), dann zeigten sich keine Verhaltensunterschiede zwischen den Probanden aus dem Süden und Norden.

Merke

▶ Menschen reagieren oftmals mit Aggression, wenn sie ihre eigene Ehre in Frage gestellt sehen. Diese Tendenz tritt bei Menschen, die einer sogenannten Ehrenkultur entstammen, verstärkt auf. Diese sind von Haus aus nicht unbedingt aggressiver. Wenn keine Bedrohung der eigenen Ehre vorliegt, sind sie nicht aggressiver als Menschen einer Kultur, in der die Frage der eigenen Ehre weniger bedeutsam ist. ◀◀

11.3 Zusammenspiel von Person und Situation

Nachdem wir bisher separat den Einfluss situativer und persönlicher Variablen auf Aggression besprochen haben, soll nun das Zusammenspiel zwischen Situation und Person bei der Erklärung aggressiven Verhaltens beschrieben werden. Der Gedanke dabei ist, dass die Persönlichkeit den Verlauf einer Interaktion beeinflusst, was sich wiederum auf die Persönlichkeit auswirkt.

Beispiel

▶ Betrachten wir den Verlauf einer Begegnung von Fritz und Franz. Die Begegnung beginnt damit, dass Franz Fritz auf den Fuß tritt. Fritz unterstellt Franz böse Absicht (da er zu einem feindseligen Attributionsstil neigt) und schreit Franz an. Franz dagegen hatte Fritz aus Versehen auf dem Fuß getreten und empfindet die Reaktion als maßlos übertrieben.

Als Folge dessen versetzt er Fritz einen Stoß, so dass Fritz aus dem Gleichgewicht gerät und stürzt. Fritz, nun völlig entgeistert, steht auf und schlägt Franz ins Gesicht. Solch ein Verlauf ist typisch für einen Teufelskreis der Gewalt, in der anfangs relativ harmlose aggressive Verhaltensweisen sich immer weiter steigern und in massiver Aggression enden. Wie anders wäre die Interaktion zwischen Fritz und Franz verlaufen, hätte Fritz das Treten auf den Fuß als unabsichtlich wahrgenommen und Franz mit einer Entschuldigung alles aus der Welt geschafft. ◄◄

Den Verlauf eines solchen *Teufelskreises der Gewalt* wurde von Anderson und Kollegen im Labor untersucht (Anderson, Buckley & Carnagey, 2008). Insgesamt 284 Probanden in Teams zu zwei Personen nahmen an dem Versuch teil. Zu Beginn wurde Aggression als Eigenschaft erfasst (mittels eines Tests zur Erfassung von Trait-Aggression). Anschließend wurde über mehrere Durchgänge hinweg ein fingierter Reaktionszeittest durchgeführt. Nach jedem Durchgang durfte einer der beiden Probanden (der angebliche Gewinner) ein Strafmaß für die andere Versuchsperson (den angeblichen Verlierer; tatsächlich wurden Gewinner und Verlierer durch den Computer per Zufall bestimmt) festlegen. Die Ergebnisse dieses Versuchs bestätigten alle Vorhersagen, wie sich ein Teufelskreis der Gewalt entwickelt. Als erstes zeigte sich, dass eine höhere Trait-Aggression der beiden Versuchspersonen zu höheren Bestrafungen in den ersten Durchgängen führten. Die Bestrafungen, die sich die beiden dann verabreichten, steigerten sich mit zunehmendem Verlauf. Dabei konnte der Grad der Bestrafung in den späteren Durchgängen in hohem Maße durch den Grad der Bestrafung in den ersten Durchgängen hervorgesagt werden. Personen, die von ihrem Trait her relativ aggressiv sind, neigen also mehr als andere dazu, sich auch aggressiv zu verhalten. Viel wichtiger jedoch: Zu Beginn ist noch ein geringer Grad aggressiven Verhaltens zu verzeichnen. Über die Zeit hinweg eskaliert jedoch die Situation, und immer massiveres aggressives Verhalten ist die Folge. Grafisch ist solch ein Teufelskreis der Gewalt in **Abbildung 11.1** dargestellt.

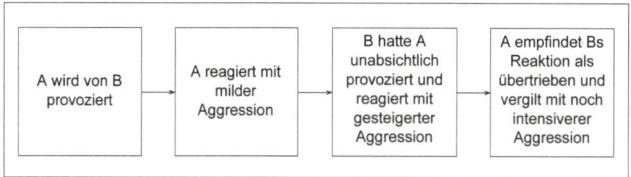

Abb. 11.1: Eine Interaktion zwischen Person A und B entwickelt sich zu einem Teufelskreis der Gewalt

11.4 Ein integrierendes Modell

Die verschiedenen situativen und dispositionalen Faktoren zur Erklärung aggressiven Verhaltens wurden von Anderson und Bushman (2002) in einem integrierenden Modell zusammengefasst. Dieses sogenannte *General Aggression Model* geht davon aus, dass eine Verhaltenssequenz, die zu aggressivem Verhalten führen kann, durch die Inputvariablen Person und Situation beginnt. Relevante Personenvariablen wären Trait-Aggression oder Geschlecht; situative Variablen, die die Auftretenswahrscheinlichkeit aggressiven Verhaltens beeinflussen, wären hohe Temperaturen oder das Spielen eines gewalttätigen Computerspiels. Nach dem Modell wirken Personenvariablen und Situation sich im Zusammenspiel auf den gegenwärtigen internen Zustand einer Person aus. Das heißt, man geht davon aus, dass manche Personen mehr als andere auf bestimmte situative Umstände reagieren. Der gegenwärtige interne Zustand einer Person, der für die Vorhersage aggressiven Verhaltens bedeutsam ist, ist abhängig von physiologischer Erregung sowie von kognitiven und affektiven Variablen. Diese wiederum beeinflussen, wie soziale Ereignisse interpretiert und bewertet werden, die sich schließlich direkt darauf auswirken, ob eine Person sich aggressiv verhält oder nicht.

Beispiel
▶ Markus erfährt, dass er durch die Sozialpsychologieprüfung gefallen ist. Er ärgert sich über den Prüfer, der seines Erachtens unfaire Fragen gestellt hat, und hat ihm gegenüber feind-

selige Gedanken. Zudem hat ihn das negative Prüfungsergebnis
physiologisch erregt. Als er nach Hause kommt, sieht er einen
Zettel seines Mitbewohners, dass er vergessen hat, die Spülma-
schine auszuräumen. Aufgrund des Prüfungsergebnisses ist er
ohnehin schon aggressiv eingestellt und nimmt den Zettel seines
Mitbewohners als eklatante Provokation wahr. Wutentbrannt
geht er in das Zimmer des Mitbewohners und schreit ihn an. ◄◄

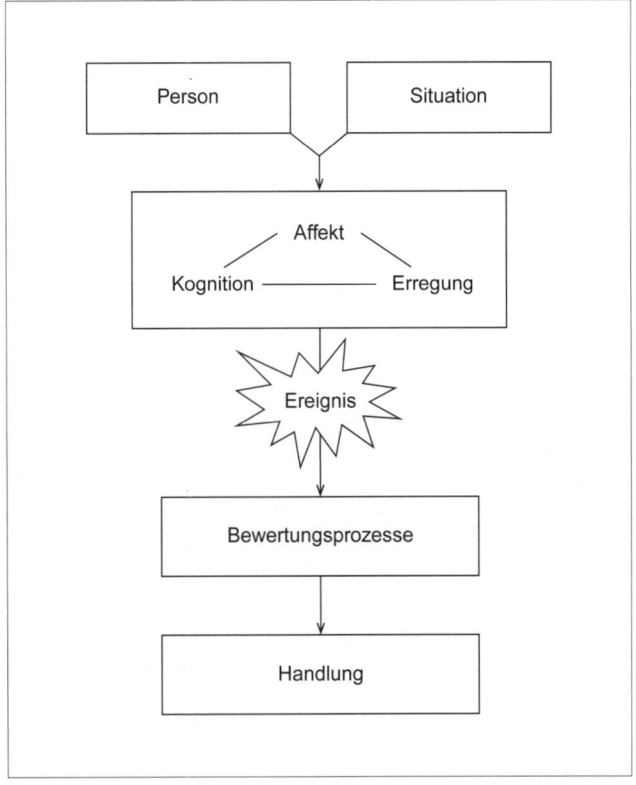

Abb. 11.2: Das General Aggression Model (Anderson & Bushman,
2002).

Das Modell erklärt nicht nur kurzfristige, sondern auch langfristige Auswirkungen bestimmter persönlicher und situativer Umstände. So sehen Anderson und Bushman jeden Durchlauf des Modells als Lernsequenz an. Das wiederholte Spielen eines gewalttätigen Computerspiels kann beispielsweise dazu führen, dass man dazu neigt, dem Verhalten anderer Person grundsätzlich eine schädliche Absicht zu unterstellen (also dispositional zu einem feindseligen Attributionsstil zu neigen), was wiederum zur Entstehung einer aggressiven Persönlichkeit beiträgt. In **Abbildung 11.2** ist das General Aggression Model wiedergegeben.

11.5 Wie kann Aggression reduziert werden?

Sozialpsychologen haben eine Reihe von Faktoren untersucht, wie aggressives Verhalten vermindert werden kann. Manche davon haben sich als sehr erfolgversprechend herausgestellt, andere dagegen erhielten wenig empirische Unterstützung. Wir beginnen mit einem Beispiel aus letzterer Kategorie.

11.5.1 Dampf ablassen: Katharsis

Definition
► Das Konzept der Katharsis besagt, dass man durch das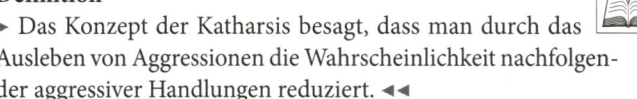
Ausleben von Aggressionen die Wahrscheinlichkeit nachfolgender aggressiver Handlungen reduziert. ◄◄

Die Idee wurde abgeleitet aus der Frustrations-Aggressions-Hypothese und erfreut sich immer noch beträchtlicher Popularität. Intuitiv ist es in der Tat einleuchtend, dass man angestaute Frustrationen abbauen sollte, indem man auf eine sozial akzeptierte Art „Dampf ablässt". So sollte der Theorie zufolge das Boxen eines Punchingballs bei einer zuvor frustrierten Person zu nachfolgender geringerer Aggressionsneigung führen. Tatsächlich zeigt jedoch eine Vielzahl von Studien, dass das Ausleben von Aggressionen aggressives Verhalten nicht mindert, sondern sogar steigert. In den Worten von Brad Bushman, einem der

Hauptkritiker der Katharsis-Theorie: Das Ausleben von Aggression zur Minderung aggressiven Verhaltens zu nutzen, ist so, „als würde man Benzin verwenden, um Feuer zu löschen" (Bushman, 2002).

11.5.2 Bestrafung

Etwas besser sieht es bei der Verwendung von Bestrafung aus. Bestrafung bzw. deren Androhung wird in unserem täglichen Miteinander häufig verwendet, um Aggressionen zu unterbinden. Beispielsweise verhängen Gerichte Gefängnisstrafen, oder Eltern entziehen ihren aggressiven Kindern Süßigkeiten. Einige Bedingungen sollten erfüllt sein, damit Bestrafung tatsächlich aggressives Verhalten mindert. So sollte die Bestrafung relativ kurz nach der aggressiven Handlung erfolgen, und sie sollte konsistent verabreicht werden. Aggressives Verhalten, das nur manchmal bestraft wird, wird weniger reduziert als aggressives Verhalten, auf welches immer eine Bestrafung folgt. Allerdings birgt die Verwendung von Bestrafung als Mittel zur Reduzierung von Aggression auch verschiedene Gefahren. Eine Bestrafung stellt selbst einen aggressiven Akt dar (das Ziel der Bestrafung ist es ja, einen aversiven Gefühlszustand bei einer anderen Person zu erreichen). Die bestrafende Person ist demnach ein Rollenmodell für aggressives Verhalten, das wiederum unter Umständen nachgeahmt wird.

11.5.3 Ärgermanagement und Reattributionstrainings

Ärger und feindselige Attributionen erhöhen beide die Wahrscheinlichkeit aggressiven Verhaltens. Ein erfolgreicher Ansatz, aggressives Verhalten zu reduzieren, besteht darin, den Umgang mit dem eigenen Ärger besser in den Griff zu bekommen und Attributionsmuster dahingehend zu ändern, dass anderen, die einen schädigen, in geringerem Maße Absicht unterstellt wird. Entsprechende Trainings stellen effektive Maßnahmen zur Verminderung aggressiven Verhaltens dar.

11.5.4 Medienkonsum

Wie oben dargestellt, fördert der Konsum von Mediengewalt aggressives Verhalten. Nicht alle Medien enthalten aber Gewalt. Stattdessen sind oftmals positive Interaktionen zu verzeichnen. So sieht man in dem Film *Casablanca*, wie Rick (Humphrey Bogart) aus Liebe zu Ilsa (Ingrid Bergman) ihre Flucht mit einem anderen Mann vor den Nazis unterstützt. Es gibt Computerspiele, in denen man Spielcharaktere aus brennenden Häusern rettet. Und die meistverkaufte Single aller Zeiten, „We are the World", ruft zu Spenden für die Hungerleidenden in der Dritten Welt auf. Forschung zu den Effekten solcher prosozialer Medien hat ergeben, dass nicht nur Hilfeverhalten gesteigert, sondern auch Aggression gemindert wird (Greitemeyer, 2011). Die Medien stellen demnach nicht nur einen Teil des Problems dar, sie können auch als Teil der Lösung genutzt werden.

Zusammenfassung

Aggressives Verhalten beinhaltet die Intention, einer anderen Person einen Schaden zuzufügen. Frustration führt manchmal, aber nicht immer zu aggressivem Verhalten. Zudem ist Frustration nicht die einzige, sondern eine von vielen Ursachen aggressiven Verhaltens. Auch aversive Stimuli und unangenehme Gefühlszustände können Aggression auslösen. Lernerfahrungen wirken sich ebenso auf die Auftretenswahrscheinlichkeit aggressiven Verhaltens aus. Männer sind aggressiver als Frauen, insbesondere dann, wenn keine offensichtliche Provokation vorliegt. Menschen, die dazu neigen, schädigendem Verhalten anderer Personen Absicht zu unterstellen, sind in besonderem Maße aggressiv und können im Zusammenspiel mit situativen Umständen zu einem Teufelskreis der Gewalt führen. Die bessere Kontrolle eigenen Ärgers sowie das kritische Hinterfragen des feindseligen Attributionsstils stellen entsprechende Ansatzpunkte dar, wie aggressives Verhalten reduziert werden kann.

Literaturempfehlungen

Anderson, C. A. & Bushman, B. J. (2002). Human aggression. *Annual Review of Psychology, 53*, 27–51.

Anderson, C. A., Gentile, D. A. & Buckley, K. E. (2007). *Violent video game effects on children and adolescents: Theory, research, and public policy.* Oxford University Press.

Krahé, B. (2001). *The social psychology of aggression.* Hove: Psychology Press.

Nisbett, R. E. & Cohen, D. (1996). *Culture of honor: The psychology of violence in the South.* Boulder, CO: Westview.

Fragen zur Selbstüberprüfung

1. Bewerten Sie die Frustrations-Aggressions-Hypothese.
2. Diskutieren Sie das kognitiv-neoassoziationistische Modell von Berkowitz.
3. Wie beurteilen Sie den Einfluss von Mediengewalt auf aggressives Verhalten?
4. Wie trägt ein feindseliger Attributionsstil zur Entwicklung eines Teufelskreises der Gewalt bei?
5. Wie erklärt das General Aggression Model das Auftreten von Aggression?
6. Welches sind die effektivsten Maßnahmen zur Reduktion von Aggression?
7. Warum führt Ihrer Ansicht nach das Ausleben von aggressiven Impulsen (Katharsis) nicht zu einer Verringerung, sondern eher zu einer Steigerung von Aggression?

Literatur

Ajzen, I. (1985). From intentions to actions: A theory of planned behavior. In J. Kuhl & J. Beckman (Hrsg.), *Action control: From cognition to behavior* (S. 11–39). New York: Springer.

Ajzen, I. (1988). *Attitudes, personality, and behavior.* Milton-Keynes, England: Open University Press & Chicago, IL: Dorsey Press.

Ajzen, I. (1991). The theory of planned behavior. *Organizational Behavior and Human Decision Processes, 50,* 179–211.

Ajzen, I. & Fishbein, M. (1977). Attitude-behavior relations: A theoretical analysis and review of empirical research. *Psychological Bulletin, 84,* 888–918.

Allen, V. L. (1975). Social support for nonconformity. In L. Berkowitz (Hrsg.), *Advances in experimental social psychology* (S. 1–43). New York: Academic Press.

Allport, G. W. (1954a). *The nature of prejudice.* Reading, MA: Addison-Wesley.

Allport, G. W. (1954b). The historical background of modern social psychology. In G. Lindzey, (Hrsg.), *Handbook of social psychology* (Bd. 1, S. 3–56). Reading, MA: Addison-Wesley.

Anderson, C. A. (2001). Heat and violence. *Current Directions in Psychological Science, 10,* 33–38.

Anderson, C. A., Anderson, K. B., Dorr, N., DeNeve, K. M. & Flanagan, M. (2000). Temperature and aggression. In M. Zanna (Hrsg.), *Advances in experimental social psychology* (S. 63–133). New York: Academic Press.

Anderson, C. A., Buckley, K. E. & Carnagey, N. L. (2008). Creating your own hostile environment: A laboratory examination of trait aggression and the violence escalation cycle. *Personality and Social Psychology Bulletin, 34,* 462–473.

Anderson, C. A. & Bushman, B. J. (2002). Human aggression. *Annual Review of Psychology, 53,* 27–51.

Anderson, C. A. & Dill, K. E. (2000). Video games and aggressive thoughts, feelings, and behavior in the laboratory and in life. *Journal of Personality and Social Psychology, 78,* 772–790.

Armitage, C. J. & Conner, M. (2001). Efficacy of the theory of planned behaviour: A meta-analytic review. *British Journal of Social Psychology, 40,* 471–499.

Aron, A., Dutton, D. G., Aron, E. N. & Iverson, A. (1989). Experiences of falling in love. *Journal of Social and Personal Relationships, 6,* 243–257.

Aronson, E. & Carlsmith, J. M. (1963). Effects of severity of threat in the devaluation of forbidden behavior. *Journal of Abnormal and Social Psychology, 66,* 584–588.

Aronson, E. & Mills, J. (1959). The effect of severity of initiation on liking for a group. *Journal of Abnormal and Social Psychology, 59,* 177–181.

Asch, S. (1946). Forming impressions of personality. *Journal of Abnormal and Social Psychology, 41,* 258–290.

Asch, S. E. (1951). Effects of group pressure upon the modification and distortion of judgement. In H. Guetzkow (Hrsg.), *Groups, leadership, and men* (S. 177–190). Pittsburgh: Carnegie Press.

Bandura, A., Ross, D. & Ross, S. (1961). Transmission of aggression through imitation of aggressive models. *Journal of Abnormal and Social Psychology, 63,* 575–582.

Bargh, J. A., Chen, M. & Burrows, L. (1996). Automaticity of social behavior: Direct effects of trait construct and stereotype activation on action. *Journal of Personality and Social Psychology, 71,* 230–244.

Baron, R. S., Vandello, J. & Brunsman, B. (1996). The forgotten variable in conformity research: Impact of task importance on social influence. *Journal of Personality and Social Psychology, 71,* 915–927.

Batson, C. D. (1991). *The altruism question: Toward a social-psychological answer.* Hillsdale, NJ: Erlbaum.

Batson, C. D., Schoenrade, P. A. & Ventis, L. W. (1993). *Religion and the individual: A social-psychological perspective.* Oxford, England: University Press.

Baumeister, R. F., Campbell, J. D., Krueger, J. I. & Vohs, K. D. (2003). Does high self-esteem cause better performance interpersonal success, happiness, or healthier lifestyles? *Psychological Science in the Public Interest, 4,* 1–44.

Baumeister, R. F., Gailliot, M., DeWall, C. N. & Oaten, M. (2006). Self-regulation and personality: How interventions increase regulatory success, and how depletion moderates the effects of traits on behavior. *Journal of Personality, 74,* 1773–1801.

Baumeister, R. F. & Leary, M. R. (1995). The need to belong: Desire for interpersonal attachments as a fundamental human motivation. *Psychological Bulletin, 117,* 497–529.

Beaman, A., Barnes, P. J., Klentz, B. & McQuirk, B. (1978). Increasing helping rates through information dissemination: Teaching pays. *Personality and Social Psychology Bulletin, 4,* 406–411.

Bem, D. J. (1972). Self-perception theory. In L. Berkowitz (Hrsg.), *Advances in experimental social psychology* (S. 1–62). New York: Academic Press.

Benson, A. A., Karabenick, S. A. & Lerner, R. M. (1976). Pretty pleases: The effects of physical attractiveness, race, and sex on receiving help. *Journal of Experimental Social Psychology, 12,* 409–415.

Berkowitz, L. (1990). On the formation and regulation of anger and aggression: A cognitive-neoassociationistic analysis. *American Psychologist, 45,* 494–503.

Berscheid, E & Walster, E. (1974). Physical attractiveness. In L. Berkowitz (Hrsg.), *Advances in experimental social psychology* (S. 157–215). San Diego, CA: Academic Press.

Bettencourt, B. A. & Miller, N. (1996). Gender differences in aggression as a function of provocation: A meta-analysis. *Psychological Bulletin, 119,* 422–447.

Burger, J. M. (2009). Replicating Milgram. Would people still obey today? *American Psychologist, 64,* 1–11.

Burnstein, E., Crandall, C. & Kitayama, S. (1994). Some neo-Darwinian rules for altruism: Weighing cues for inclusive fitness as a function of the biological importance of the decision. *Journal of Personality and Social Psychology, 67,* 773–789.

Bushman, B. J. (2002). Does venting anger feed or extinguish the flame? Catharsis, rumination, distraction, anger, and aggressive responding. *Personality and Social Psychology Bulletin, 28,* 724–731.

Bushman, B. J. & Huesmann, L. R. (2006). Short-term and long-term effects of violent media on aggression in children and adults. *Archives of Pediatrics and Adolescent Medicine, 160,* 348–352.

Buss, D. M. (2008). *Evolutionary psychology: The new science of the mind* (3. Aufl.). Boston, MA: Allyn & Bacon.

Buss, D. M. & Barnes, M. F. (1986). Preferences in human mate selection. *Journal of Personality and Social Psychology, 50,* 559–570.

Byrne, D. (1971). *The attraction paradigm.* New York: Academic Press.

Caldwell, M. A. & Peplau, L. A. (1982). Sex differences in same-sex friendships. *Sex Roles, 8,* 721–732.

Carlson, M., Charlin, V. & Miller, N. (1988). Positive mood and helping behavior: A test of six hypotheses. *Journal of Personality and Social Psychology, 55,* 211–229.

Carlson, M. & Miller, N. (1987). Explanation of the relation between negative mood and helping. *Psychological Bulletin, 102,* 91–108.

Chaiken, S., Liberman, A. & Eagly, A. H. (1989). Heuristic and systematic processing within and beyond the persuasion context. In J. S. Uleman & J. A. Bargh (Hrsg.), *Unintended thought* (S. 212–252). New York: Guilford Press.

Cialdini, R. B., Borden, R. J., Thorne, A., Walker, M. R., Freeman, S. & Sloan, L. R. (1976). Basking in reflected glory: Three (football) field studies. *Journal of Personality and Social Psychology, 34,* 366–375.

Cohen, D., Nisbett, R. E., Bowdle, B. F. & Schwarz, N. (1996). Insult, aggression, and the Southern culture of honor: An „experimental ethnography." *Journal of Personality and Social Psychology, 70,* 945–960.

Cohen, J. (1988). *Statistical power analysis for the behavioral sciences* (2. Aufl.). Hillsdale, NJ: Lawrence Erlbaum Associates.

Correll, J., Park, B., Judd, C. M. & Wittenbrink, B. (2002). The police officer's dilemma: Using ethnicity to disambiguate potentially threatening individuals. *Journal of Personality and Social Psychology, 83,* 1314–1329.

Crick, N. R. & Dodge, K. A. (1994). A review and reformulation of social information-processing mechanisms in children's social adjustment. *Psychological Bulletin, 115,* 74–101.

Cross, J. F. & Cross, J. (1971). Age, sex, race and the perception of facial beauty. *Developmental Psychology, 5,* 433–439.

Darley, J. M. & Gross, P. H. (1983). A hypothesis-confirming bias in labeling effects. *Journal of Personality and Social Psychology, 44,* 20–33.

Davidson, A. R. & Jaccard, J. J. (1979). Variables that moderate the attitude– behavior relation: Results of a longitudinal survey. *Journal of Personality and Social Psychology, 37,* 1364–1376.

Diehl, M. & Stroebe, W. (1987). Productivity loss in brainstorming groups: Toward the solution of a riddle. *Journal of Personality and Social Psychology, 53,* 497–509.

Dion, K. K., Berscheid, E. & Walster, E. (1972). What is beautiful is good? *Journal of Personality and Social Psychology, 24,* 285–290.

Dollard, J., Doob, L., Miller, N., Mowrer, O. H. & Sears, R. (1939). *Frustration and aggression.* New Haven, CT: Yale University Press.

Dovidio, J. F., Gaertner, S. L., Validzic, A., Matoka, K., Johnson, B. & Frazier, S. (1997). Extending the benefits of recategorization: Evaluation, self-disclosure, and helping. *Journal of Experimental Social Psychology, 33,* 401–420.

Eagly, A. H. (2009). The his and hers of prosocial behavior: An examination of the social psychology of gender. *American Psychologist, 64,* 644–658.

Eagly, A. H., Ashmore, R. D, Makhijani, M. G. & Longo, L. C. (1991). What is beautiful is good, but …: A meta-analysis of research on the physical attractiveness stereotype. *Psychological Bulletin, 110,* 109–128.

Eagly, A. H., Makhijani, M. G. & Klonsky, B. G. (1992). Gender and the evaluation of leaders: A meta-analysis. *Psychological Bulletin, 111,* 3–22.

Eagly, A. H. & Wood, W. (1999). The origins of sex differences in human behavior: Evolved dispositions versus social roles. *American Psychologist, 54,* 408–423.

Edwards, K. & Smith, E. E. (1996). A disconfirmation bias in the evaluation of arguments. *Journal of Personality and Social Psychology, 71*, 5–24.

Eisenberger, N. I., Lieberman, M. D. & Williams, K. D. (2003). Does rejection hurt? An fMRI study of social exclusion. *Science, 302*, 290–292.

Englich, B., Mussweiler, T. & Strack, F. (2006). Playing dice with criminal sentences: The influence of irrelevant anchors on experts' judicial decision making. *Personality and Social Psychology Bulletin, 32*, 188–200.

Fein, S. & Spencer, S. J. (1997). Prejudice as self-image maintenance: Affirming the self through derogating others. *Journal of Personality and Social Psychology, 73*, 31–44.

Feingold, A. (1990). Gender differences in effects of physical attractiveness on romantic attraction: A comparison across five research paradigms. *Journal of Personality and Social Psychology, 59*, 981–993.

Feingold, A. (1992). Good-looking people are not what we think. *Psychological Bulletin, 111*, 304–341.

Festinger, L. (1957). *A theory of cognitive dissonance.* Stanford, CA: Stanford University Press.

Festinger, L. & Carlsmith, J. M. (1959). Cognitive consequences of forced compliance. *Journal of Abnormal and Social Psychology, 58*, 203–211.

Festinger, L. Schachter, S. & Back, K. W. (1950). *Social pressures in informal groups: A study of human factors in housing.* New York: Harper.

Fischhoff, R. (1975). Hindsight? foresight: The effect of outcome knowledge on judgement under uncertainty. *Journal of Experimental Psychology, Human Perception & Performance, 1*, 288–299.

Fiske, S. T. & Taylor, S. T. (1991). *Social cognition* (2. Aufl.). New York: McGraw-Hill.

Frank, M. G. & Gilovich, T. (1988). The dark side of self and social perception: Black uniforms and aggression in professional sports. *Journal of Personality and Social Psychology, 54*, 74–85.

Gailliot, M. T. & Baumeister, R. F. (2007). The physiology of willpower: Linking blood glucose to self-control. *Personality and Social Psychology Review, 11*, 303–327.

Gentile, B., Twenge, J. M. & Campbell, W. K. (2010). Birth cohort differences in self-esteem, 1988–2008: A cross-temporal meta-analysis. *Review of General Psychology, 14*, 261–268.

Gigerenzer, G. (2002). Das Einmaleins der Skepsis: Über den richtigen Umgang mit Zahlen und Risiken. Berlin: Berlin Verlag.

Gigone, D. & Hastie, R. (1993). The common knowledge effect: Information sharing and group judgment. *Journal of Personality and Social Psychology, 65*, 959–974.

Gilbert, D. T. & Malone, P. S. (1995). The correspondence bias. *Psychological Bulletin, 111,* 21–38.

Gilovich, T., Medvec, V. H. & Savitsky, K. (2000). The spotlight effect in social judgment: An egocentric bias in estimates of the salience of one's own actions and appearance. *Journal of Personality and Social Psychology, 78,* 211–222.

Gilovich, T., Savitsky, K. & Medvec, V. H. (1998). The illusion of transparency: Biased assessments of others' ability to read our emotional states. *Journal of Personality and Social Psychology, 75,* 332–346.

Greenwald, A. G., McGhee, D. E. & Schwartz, J. L. K. (1998). Measuring individual differences in implicit cognition: The implicit association test. *Journal of Personality and Social Psychology, 74,* 1464–1480.

Greenwald, A. G., Poehlman, T. A., Uhlmann, E. & Banaji, M. R. (2009). Understanding and using the Implicit Association Test: III. Meta-analysis of predictive validity. *Journal of Personality and Social Psychology, 97,* 17–41.

Greitemeyer, T. (2011). Effects of prosocial media on social behavior: When and why does media exposure affect helping and aggression. *Current Directions in Psychological Science, 20,* 251–255.

Greitemeyer, T. & Schulz-Hardt, S. (2003). Preference-consistent evaluation of information in the hidden profile paradigm: Beyond group-level explanations for the dominance of shared information in group decisions. *Journal of Personality and Social Psychology, 84,* 322–339.

Haney, C., Banks, W. C. & Zimbardo, P. G. (1973). Study of prisoners and guards in a simulated prison. *Naval Research Reviews, 9,* 1–17. Washington, DC: Office of Naval Research.

Hassebrauck, M. (1983). Die Beurteilung der physischen Attraktivität: Konsens unter Urteilern? *Zeitschrift für Sozialpsychologie, 14,* 152–161.

Heider, F. (1958). *The psychology of interpersonal relations.* New York: Wiley.

Henss, R. (1992). *„Spieglein, Spieglein an der Wand .... Geschlecht, Alter und physische Attraktivität.* Weinheim: Psychologie Verlags Union.

Higgins, E. T., Rholes, W. S. & Jones, C. R. (1977). Category accessibility and impression formation. *Journal of Experimental Social Psychology, 13,* 141–154.

Hill, G. W. (1982). Group versus individual performance. *Psychological Bulletin, 91,* 517–539.

Hodson, G. (2011). Do ideologically intolerant people benefit from intergroup contact? *Current Directions in Psychological Science, 20,* 154–159.

Hodson, G., Hooper, H., Dovidio, J. F. & Gaertner, S. L. (2005). Aversive racism in Britain: Legal decisions and the use of inadmissible evidence. *European Journal of Social Psychology, 35,* 437–448.

Hollander, E. P. (1958). Conformity, status, and idiosyncrasy credits. *Psychological Review, 65,* 117–127.

Huesmann, L. R., Moise-Titus, J., Podolski, C. L. & Eron, L. D. (2003). Longitudinal relations between children's exposure to TV violence and their aggressive and violent behavior in young adulthood: 1977–1992. *Developmental Psychology, 39,* 201–221.

Janis, I. L. (1982). *Groupthink* (2., erw. Aufl.). Boston: Houghton Mifflin.

Johns, M., Schmader, T. & Martens, A. (2005). Knowing is half the battle: Teaching stereotype threat as a means of improving women's math performance. *Psychological Science, 16,* 175–179.

Jones, E. E. & Harris, V. A. (1967). The attribution of attitudes. *Journal of Experimental Social Psychology, 3,* 1–24.

Jussim, L. & Harber, K. (2005). Teacher expectations and self-fulfilling prophecies: Known and unknowns, resolved and unresolved controversies. *Personality and Social Psychology Review, 9,* 131–155.

Isen, A. M. & Levin, P. F. (1972). Effect of feeling good on helping: Cookies and kindness. *Journal of Personality and Social Psychology, 21,* 344–348.

Kelley, H. H. (1950). The warm-cold variable in first impressions of persons. *Journal of Personality, 18,* 431–439.

Kelley, H. H. (1973). Process of causal attribution. *American Psychologist, 28,* 107–128.

Kraus, S. J. (1995). Attitudes and the prediction of behavior: A meta-analysis of the empirical literature. *Personality and Social Psychology Bulletin, 21,* 58–75.

Langlois, J. H., Kalakanis, L., Rubenstein, A. J., Larson, A., Hallam, M. & Smoot, M. (2000). Maxims or myths of beauty? A meta-analytic and theoretic review. *Psychological Bulletin, 26,* 390–423.

Latané, B. & Darley, J. M. (1970). *The unresponsive bystander: Why doesn't he help?* New York, NY: Appleton-Century-Croft.

Latané, B. & Nida, S. (1981). Ten years of research on group size and helping. *Psychological Bulletin, 89,* 308–324.

Latané, B. & Wolf, S. (1981). The social impact of majorities and minorities. *Psychological Review,* 88, 438–453.

Leary, M., Kowalski, R. M., Smith, L. & Phillips, S. (2003). Teasing, rejection, and violence: Case studies of the school shootings. *Aggressive Behavior, 29,* 202–214.

Lenhart, A., Kahne, J., Middaugh, E., Macgill, A. R., Evans, C. & Vitak, J. (2008). *Teens, video games, and civics* (Report No. 202-415-4500). Washington, DC: Pew Internet and American Life Project.

Levine, R. V., Martinez, T. S., Brase, G. & Sorenson, K. (1994). Helping in 36 U.S. cities. *Journal of Personality and Social Psychology, 67,* 69–82.

Lord, C. G., Ross, L. & Lepper, M. R. (1979). Biased assimilation and attitude polarization: The effects of prior theories on subsequently

considered evidence. *Journal of Personality and Social Psychology,*
37, 2098–2109.

Markey, P. M. (2000). Bystander intervention in computer-mediated
communication. *Computers in Human Behavior, 16,* 183–188.

McFarlin, D. B., Baumeister, R. F. & Blascovich, J. (1984). On knowing
when to quit: Task failure, self-esteem, advice, and nonproductive
persistence. *Journal of Personality, 52,* 138–155.

Michaels, J. W., Blommel, J. M., Brocato, R. M., Linkous, R. A. & Rowe,
J. S. (1982). Social facilitation and inhibition in a natural setting,
Replications in Social Psychology, 2, 21–24.

Milgram, S. (1993). *Das Milgram Experiment. Zur Gehorsamsbereitschaft*
gegenüber Autorität. Reinbeck: Rowohlt.

Mojzisch, A. & Schulz-Hardt, S. (2006). Information sampling in group
decision making: Sampling biases and their consequences. In K.
Fiedler & P. Juslin (Hrsg.), *Information sampling and adaptive cog-*
nition (S. 299–325). Cambridge: Cambridge University Press.

Moreland, R. L. & Beach, S. (1992). Exposure effects in the classroom:
The development of affinity among students. *Journal of Experimen-*
tal Social Psychology, 28, 255–276.

Moscovici, S. (1985). Social influence and conformity. In G. Lindzey &
E. Aronson (Hrsg.), *The handbook of social psychology* (Bd. 2, S.
347–412). New York: Random House.

Moscovici, S., Lage, E. & Naffrechoux, M. (1969). Influence of a consis-
tent minority on the responses of a majority in a color perception
task. *Sociometry, 32,* 365–380.

Moscovici, S. & Zavalloni, M. (1969). The group as a polarizer of attitudes. *Journal of Personality and Social Psychology, 12,* 125–135.

Muraven, M. R. & Baumeister, R. F. (2000). Self-regulation and depletion of limited resources: Does self-control resemble a muscle? *Psy-*
chological Bulletin, 126, 247–259.

Muraven, M., Shmueli, D. & Burkley, E. (2006). Conserving self-control
strength. *Journal of Personality and Social Psychology, 91,* 524–537.

Murstein, B. I. & Christy, P. (1976). Physical attractiveness and marriage adjustment in middle-aged couples. *Journal of Personality and*
Social Psychology, 34, 537–542.

Nadler, A., Shapira, R. & Ben-Itzhak, S.(1982). Good looks may help:
Effects of sex of helper and physical attractiveness of helper on males
and females help seeking behavior *Journal of Personality and Social*
Psychology, 42, 90–99.

Nemeth, C. (1986). Differential contributions of majority and minority
influence processes. *Psychological Review, 93,* 10–20.

Newcomb, T. M. (1961). *The acquaintance process.* New York: Holt Rinehart & Winston.

North, A. C., Hargreaves, D. J. & McKendrick, J. (1999). The influence of in-store music on wine selections. *Journal of Applied Psychology, 84,* 271–276.

Nuttin, J. M. (1985). Narcissism beyond Gestalt and awareness: The name letter effect. *European Journal of Social Psychology, 15,* 353–361.

Oishi, S., Rothman, A. J., Snyder, M., Su, J., Zehm, K., Hertel, A. W., Gonzales, M. H. & Sherman, G. D. (2007). The socioecological model of procommunity action: the benefits of residential stability. *Journal of Personality and Social Psychology, 93,* 831–844.

Pelham, B. W., Carvallo, M. & Jones, J. T. (2005). Implicit egoism. *Current Directions in Psychological Science, 14,* 106–110.

Pettigrew, T. F. (1998). Intergroup contact theory. *Annual Review of Psychology, 49,* 65–85.

Pettigrew, T. F. & Tropp, L. R. (2006). A meta-analytic test of intergroup contact theory. *Journal of Personality and Social Psychology, 90,* 751–783.

Petty, R. E. & Cacioppo, J. T. (1986). The elaboration likelihood model of persuasion. In L. Berkowitz (Hrsg.), *Advances in experimental social psychology* (S. 123–205). New York: Academic Press.

Phillips, D. P. (1983). The impact of mass media violence on US homicides. *American Sociological Review, 48,* 560–568.

Ringelmann, M. (1913). Research on animate sources of power: The work of man. *Annales de l'Institut National Agronomique, 2e serietome XII,* 1–40.

Rosenberg, M. (1965). *Society and the adolescent self-image.* Princeton, New Jersey: Princeton University Press.

Rosenthal, R. & Jacobson, L. (1968). *Pygmalion in the classroom: Teacher expectation and pupils' intellectual development.* New York: Holt Rinehart & Winston.

Ross, L. (1977). The intuitive psychologist and his shortcomings. In L. Berkowitz (Hrsg.), *Advances in experimental social psychology* (S. 173–220). New York: Academic Press.

Ross, L., Lepper, M. R. & Hubbard, M. (1975). Perseverance in self-perception and social perception: Biased attributional processes in the debriefing paradigm. *Journal of Personality and Social Psychology, 32,* 880–892.

Rudman, L. A. & Kilianski, S. E. (2000). Implicit and explicit attitudes toward female authority. *Personality and Social Psychology Bulletin, 26,* 1315–1328.

Rusbult, C. E. (1983). A longitudinal test of the investment model: The development (and deterioration) of satisfaction and commitment in heterosexual involvements. *Journal of Personality and Social Psychology, 45,* 101–117.

Scheib, J. E., Gangestad, S. W. & Thornhill, R. (1999). Facial attractiveness, symmetry and cues of good genes. *Proceedings of the Royal
Society of London*, B, 266, 1913–1918.

Schmeichel, B. J., Vohs, K. D. & Baumeister, R. F. (2003). Intellectual
performance and ego depletion: Role of the self in logical reasoning
and other information processing. *Journal of Personality and Social
Psychology, 85,* 33–46.

Sherif, M., Harvey, O. J., White, B. J., Hood, W. R. & Sherif, C. W. (1961).
*Intergroup cooperation and competition: The Robbers Cave experi-
ment.* Norman, OK: University Book Exchange.

Shepperd, J. A. (1993). Productivity loss in performance groups: A motivation analysis. *Psychological Bulletin, 113,* 67–81.

Shih, M., Pittinsky, T. & Ambady, N. (1999). Stereotype susceptibility:
Identity salience and shifts in quantitative performance. *Psychological Science, 10,* 80–83.

Snyder, M. & Swann, W. B. (1978). Behavioral confirmation in social
interaction: From social perception to social reality. *Journal of Experimental Social Psychology, 14,* 148–162.

Snyder, M., Tanke, E. D. & Berscheid, E. (1977). Social perception and
interpersonal behavior: On the self-fulfilling prophecies nature of
social stereotypes. *Journal of Personality and Social Psychology, 35,*
656–666.

Spencer, S. J., Steele, C. M. & Quinn, D. M. (1999). Stereotype threat
and women's math performance. *Journal of Experimental Social Psychology, 35,* 4–28.

Sprecher, S. (2001). Equity and social exchange in dating couples: As-
sociations with satisfaction, commitment, and stability. *Journal of
Marriage and the Family, 63,* 599–613.

Stasser, G. (1988). Computer simulation as a research tool: The DISCUSS
model of group decision making. *Journal of Experimental Social
Psychology, 24,* 393–422.

Steele, C. M. (1997). A threat in the air: How stereotypes shape intellectual identity and performance. *American Psychologist, 52,* 613–629.

Steele, C. M. & Aronson, J. (1995). Contending with a stereotype: Afri-
can-American intellectual test performance and stereotype threat.
Journal of Personality and Social Psychology, 69, 797–811.

Stephan, W. G. (1986). The effects of school desegregation: An evaluation 30 years after Brown. In M. Saks & L. Saxe. (Hrsg.) *Advances in
applied social psychology* (S. 181-206). New York: Erlbaum.

Sternberg, R. J. (1986). A triangular theory of love. *Psychological Review,
93,* 119–135.

Strack, F. & Deutsch, R. (2004). Reflective and impulsive determinants
of social behavior. *Personality and Social Psychology Review, 8,* 220–
247.

Tajfel, H. & Turner, J. C. (1986). The social identity theory of intergroup behavior. In S. Worchel & L. W. Austin (Hrsg.), *Psychology of intergroup relations* (S. 7–24). Chicago: Nelson-Hall.

Tangney, J. P., Baumeister, R. F. & Boone, A. L. (2004). High self-control predicts good adjustment, less pathology, better grades, and interpersonal success. *Journal of Personality, 72,* 271–324.

Thibaut, J. W. & Kelley, H. H. (1959). *The social psychology of groups.* New York: Wiley.

Toi, M. & Batson, C D. (1982). More evidence that empathy is a source of altruistic motivation. *Journal of Personality and Social Psychology, 43,* 281–292.

Triplett, N. D. (1898). The dynamogenic factor in pace making and competition. *American Journal of Psychology, 9,* 507–533.

Tversky, A. & Kahneman, D. (1974). Judgment und uncertainty: Heuristics and biases. *Science, 185,* 1124–1131.

Tversky, A. & Kahneman, D. (1982). Judgments of and by representativeness. In D. Kahneman, P. Slovic & A. Tversky (Hrsg.), *Judgment under uncertainty: Heuristics and biases* (S. 84–98). Cambridge: Cambridge University Press.

Twenge, J. M. & Campbell, W. K. (2001). Age and birth cohort differences in self-esteem: A cross-temporal meta-analysis. *Personality and Social Psychology Review, 5,* 321–344.

Twenge, J. M. & Crocker, J. (2002). Race and self-esteem: Meta-analyses comparing Whites, Blacks, Hispanics, Asians, and American Indians and comment on Gray-Little and Hafdahl (2000). *Psychological Bulletin, 128,* 371–408.

Walster, E., Walster, G. W. & Berscheid, E. (1978). *Equity: Theory and research.* Boston: Allyn and Bacon.

Weiner, B. (1986). *An attributional theory of motivation and emotion.* New York: Springer.

Weiner, B. (1995). *Judgments of responsibility: A foundation for a theory of social conduct.* New York: Guilford.

Wicker, A. W. (1969). Attitude versus actions: The relationship of verbal and overt behavioral responses to attitude objects. *Journal of Social Issues, 25,* 41–78.

Wilkinson, R. G. & Pickett, K. E. (2009). *The spirit level: Why more equal societies almost always do better.* London: Penguin.

Williams, K. D. (2009). Ostracism: A temporal need-threat model. In M. Zanna (Hrsg.), *Advances in experimental social psychology* (S. 279–314). New York: Academic Press.

Wilson, T. D. & Gilbert, D. T. (2003). Affective forecasting. In M. Zanna (Hrsg.), *Advances in experimental social psychology* (S. 345–411). New York: Elsevier.

Wilson, T. D., Wheatley, T. P., Meyers, J. M., Gilbert, D. T. & Axsom, D. (2000). Focalism: A source of durability bias in affective forecasting. *Journal of Personality and Social Psychology, 78*, 821–836.

Wong, P. T. P. & Weiner, B. (1981). When people ask „why" questions, and the heuristics of attributionale search. *Journal of Personality and Social Psychology, 40*, 650–663.

Wood, W., Lundgren, S., Ouelette, J. A. & Poole, M. S. (1994). Minority influence: A meta-analytic review of social influence processes. *Psychological Bulletin, 115*, 323–345.

Word, C. O., Zanna, M. P. & Cooper, J. (1974). The nonverbal mediation of self-fulfilling prophecies in interracial interaction. *Journal of Experimental Social Psychology, 10*, 109–120.

Zajonc, R. B. (1965). Social facilitation. *Science, 149*, 269–274.

Zajonc, R. B. (1968). Attitudinal effects of mere exposure. *Journal of Personality and Social Psychology, Monograph Supplement, 9*, 1–27.

Stichwortverzeichnis

A

Aggression 32, 98, 105, 175
– Bestrafung 190
– feindselige 176
– instrumentelle 176
Altruismus 161
angsteinflößende Argumente 84
Ärger 171
Attribution 59, 170, 183, 185, 190
– externale 61
– internale 61
attributionale Theorien 66
Attributionstheorien 60
Attributionsverzerrungen 63
– Akteur-Beobachter-Effekt 65
– fundamentaler Attributions- fehler 63, 96
– selbstwertdienliche Attribu- tionen 66

B

Bedrohung durch Stereotype 119
Bedürfnis nach Zugehörigkeit 141
Beschreibende Methode 15
Brainstorming 132
Bystander-Effekt 164, 171
– Bewertungsangst 165
– Diffusion von Verantwort- lichkeit 165
– pluralistische Ignoranz 164

C

Computerspiele 166, 180, 191

D

Das-ist-noch-nicht-alles-Technik 96
Denken
– automatisch 37
– kontrolliert 37
Diskriminierung 111
Dissonanz 80

E

Eigengruppe 73, 111
Einstellung 71, 111
– explizite 71
– implizite 72
Einstellungsänderung
– periphere Route 86
– zentrale Route 86
Einstellung und Verhalten 75
Empathie 161, 166
Equity-Theorie 155
erwartungskongruente Bewer- tung von Informationen 39, 135, 136
Evolution 150, 159
experimentelle Methode 18

F

Fremdgruppe 73, 111
Frustrations-Aggressions-Hypo- these 176, 189
Fuß-in-der-Tür-Technik 94

G

Gehorsam 103, 107
Geschlechtsunterschiede
– Aggression 182
– Attraktivitätseinschätzungen
   146
– Gehorsam 105
– Hilfeverhalten 167
– Partnerschaftspräferenzen
   150, 152, 153
Gewalt 176, 184
Gruppendenken 136
Gruppenleistung 130
– Gruppenpotential 131
– Nominalgruppen 132
Gruppenpolarisation 137

H

Heuristik 46
– Anker 49
– Repräsentativität 48
– Verfügbarkeit 47
Hidden Profile 134
– geteilte Informationen 135
– ungeteilte Informationen 135
Hilfeverhalten 159

I

Implicit Egotism 30, 31
implizite Assoziationstest 72
implizite Persönlichkeitstheorien
   55
– periphere Eigenschaften 56
– zentrale Eigenschaften 56
indirekter Kontakt 122
informationaler Einfluss 91, 99
Intelligenz 85
internalisierte Meinungsänderung 90
interpersonelle Attraktion 70, 141
Investitionsmodell der Bindung
   154

K

Katharsis 189
klassische Konditionierung 73
Klein-Anfangen-Technik 94
Konformität 92, 98, 107
Kontakthypothese 121
Koordinationsverluste 128, 132
Korrelationsmethode 16

L

Lernen am Modell 178, 190
Liebe 155
– kameradschaftliche 156
– leidenschaftliche 156

M

Mehrheiteneinfluss 98, 100
Metaanalyse 22
Minderheiteneinfluss 100
Motivationsgewinne 129
– Köhler-Effekt 130
– soziale Kompensation 130
Motivationsverluste 128, 132
– Bewertungsängste 129
– Gimpel-Effekt 129
– soziales Faulenzen 129
– Trittbrettfahrer-Effekt 129

N

normativer Einfluss 91, 92, 99

O

öffentliche Meinungsanpassung
   90
operante Konditionierung 73,
   178

P

Partnerschaftspräferenzen 150

physische Attraktivität 84, 145, 169
positive Teststrategie 41
Primacy-Effekt 54
Priming 52
prosoziales Verhalten 159

R

Reziprozitätsnorm 160
Rolle 97

S

Schema 37, 38
Selbstkonzept 25, 116
Selbstregulation 31
Selbstwahrnehmungstheorie 80
Selbstwert 27, 70, 85, 117, 118, 123
– expliziter 28
– impliziter 29
sich selbst erfüllende Prophezeiung 42, 118, 147
Social Impact Theory 102
soziale Ausgrenzung 141
soziale Erleichterung 126
soziale Gruppenzugehörigkeit 46
soziale Hemmung 126
sozialer Einfluss 89

sozioökonomischer Status 151
Spotlight-Effekt 25
Stereotyp 44, 112, 120, 147, 149
subliminale Überzeugung 85

T

Teufelsanwalt 137
Theorie der ideosynkratischen Kredite 101
Theorie der kognitiven Dissonanz 80
Theorie der realistischen Gruppenkonflikte 115
Theorie der sozialen Identität 116
– persönliche Identität 116
– soziale Identität 116
Theorie des geplanten Verhaltens 77
– Einstellung 77
– subjektive Norm 78
– wahrgenommene Verhaltenskontrolle 78
Theorie des sozialen Austauschs 153, 160
Tür-im-Gesicht-Technik 95

V

Vorurteil 70, 111

Hans-Werner Bierhoff

Psychologie prosozialen Verhaltens

Warum wir anderen helfen

2., vollst. überarb. Auflage 2010
260 Seiten. Kart.
€ 24,90
ISBN 978-3-17-021003-5
Urban-Taschenbücher, Band 418

Die Themen Verantwortungsbewusstsein, Altruismus und Zivilcourage sind heute aktueller denn je. Es greift aber z. B. nur jeder dritte Passant ein, wenn er an einer Unfallstelle vorbeikommt, an der Verletzte auf seine Hilfe angewiesen sind. Warum helfen so wenige, etwa nach Verkehrsunfällen, aber auch im alltäglichen Leben? Wie lässt sich die Bereitschaft zum prosozialen Verhalten erhöhen? Der Autor geht solchen Fragen nach und untersucht dazu Einstellungen und Persönlichkeitsmerkmale der Helfer und Nicht-Helfer sowie die Funktion sozialer Lernprozesse und Normen. Wer sich über die Grundlagen des Helfens und Hilfeerhaltens informieren möchte, sollte zu diesem Buch greifen. Es orientiert sich stark an Alltagsproblemen, was den Zugang zum Thema erleichtert.

W. Kohlhammer GmbH · 70549 Stuttgart